中小企業のやってはいけない危険な経営

Dangerous management practices small and medium-sized enterprises should avoid

大坂靖彦
Yasuhiko Osaka

かんき出版

まえがき

今、中小企業は「倒産激増時代」のまっただ中にあります。

2000年代に入ってからの国内の企業倒産件数は、リーマンショック(2008年)前後を除き、全体的に減少傾向が続いていました。特にコロナ禍のピークだった2020年~2021年は、支援金の影響で2000年代でもっとも倒産が少ない時期となりました。ところが、2022年からは一転、倒産件数が増加に転じ、本書を執筆している2025年1月時点では、32カ月連続で倒産件数が前年同月を上回るという状況が続いています。この「倒産激増時代」がいつ終わるのか、先が見えません。

約30年も続いたデフレと低金利の時代が終焉を迎え、インフレと金利が上がっていく時代の中、この環境に適応して自らも変化できる企業だけが生き残れるのです。そして、中小企業が変わるためには、何よりもまず社長がその意識と行動を変えることが最優先かつ重要です。

ところが、これは口でいうほど簡単なことではありません。

私の生家では、両親が小さな電器店を営んでいました。私はその平凡な町の電器店を、社員800名、売上高約340億円の株式会社ビッグ・エスに育て上げました。2009年に、社長の座を後継者に譲りましたが、その後も同社は成長を続け、現在は、売上高628億円（2024年3月期）にまで至っています。

社長の座を譲った私は、2010年から経営塾の「大坂塾」を開き、これまでに1000名以上の中小企業社長や経営者層を指導してきました。

その指導経験を通じて、**中小企業社長の思考や行動にはよくある共通の「勘違い」「筋違い」が存在する**ことに気づきました。会社の成長に役立たないばかりか、むしろ成功を遠ざけるような思考、行動であるのに、当の社長自身はそれが「良いものだ」と思い込んでいるのです。

私が「それは変えるべきだ」と指導をしても、本人は「良い」と思っているため、なかなか変えることができません。変われなかった結果として、事業から撤退しなければならなくなった会社もあります。

一方では、自分自身は良いと思っていたけれども、その勘違いに気づき、変化できる社長もいます。そういった社長の会社は大きく成長し、夢の実現へと確実に近づいていきます。

しかし、社長が変化し、会社も変化させることは、決して簡単ではありません。社長は自分をごまかすことなく社員に魂を開示し、社員との格闘技とも呼べる全力でのぶつかり合いをする必要があります。この過程の中で社員の魂を受け止め、一丸となって多くの汗を流しながら変革を進めていくのです。もちろん、そんな塾生を私も全力で支えます。

中小企業が大企業と異なるのは、経営資源（人、モノ、カネ、情報）に乏しいという点です。そのため、今ある手持ちの経営資源を最大限有効に活用しなければなりません。それは言い換えると、生産性を飛躍的に向上させなければならないということです。

生産性の向上とは、同一量のインプット（資源投入）に対する、アウトプット（生産量や売上）が増大することです。

数％の生産性向上であれば、これまでの業務のやり方のままで社員ががんばれば実現できるでしょう。しかし、これまでの3割、5割アップといった大きな生産性向上を実現したり、売上を5年で10倍に伸ばしたりといった、爆発的な成果を得たいのであれば、ビジネスモデル、業務方法、組織運営、社員の意識など、会社の全体を「棚卸し」して、見直さなければなりません。

もちろん、それらのすべてに目配りをして、万事怠りない経営を続けることは並大抵の努力ではできません。だからこそ、たゆまずにそれを実行していけば、大きな成功にたどり着けるのです。

本書は私自身の社長時代の経験に加えて、15年以上に及ぶ大坂塾での塾生たちとの格闘から得られた、中小企業経営でよくある勘違いを、成功と失敗のリアルな事例を交えながら50のテーマにまとめました。

その意味で本書は、私だけではなく、1000名以上の塾生社長たちと、その社員たちの血と汗と涙で成り立っているといっても過言ではありません。数多くの中小企業で実際に行われた経営改革、あるいは経営の失敗をベースにして執筆された書籍は、他にあまり例を見ないでしょう。

中小企業の実態に即した話を集めているだけに、読者にとって耳の痛いテーマもあります。しかし、この倒産激増時代を乗り越えて会社を持続的に発展させ、描いている夢を勝ち取るためには、絶対に有益な内容であると自負しています。

ぜひ、本書をヒントにして、皆様も自分と家族、そして社員の幸せのために、大きな夢の実現に向かって邁進してください。

大坂　靖彦

（※本書の50テーマの題材の多くは、ビッグ・エス、および大坂塾塾生の企業から採っていますが、プライバシー保護の観点から、企業や社長が特定できないように、企業名や人物名は原則的に仮名とし、また、事業内容なども適宜変更しています）

中小企業のやってはいけない危険な経営　目次

第1章 営業・マーケティング編

第2章

事業計画編

第3章

人事・賃金編

第4章

組織作り編

第5章

社員との関係性編

第6章

心得・その他編

○カバーデザイン　相京厚史(next door design)
○本文デザイン　二ノ宮匡(nixinc)
○ＤＴＰ　ニッタプリントサービス
○編集協力　椎原よしき
○校正　鴎来堂

第1章

営業・マーケティング編

やってはいけない

01 ヒット商品に頼る

ヒット商品には良い面もあるが、リスクを高める面もある

「手間をかけなくても毎年売れ続けて、売上の大半を支えてくれるようなヒット商品があればなぁ」

中小企業の社長なら誰でも、そんな風に思うことがあるはずです。

そして、さまざまな試行錯誤を重ねていくうちに、運良くヒット商品に恵まれることもあります。急に売上が2倍、3倍と増えていき、商品を求める電話が鳴り止まなくなるのです。

社長も社員も「やった。これで我が社も安泰だ」と大喜びでしょう。

しかし多くの場合、それが地獄への入り口になるのです。

あるアパレル会社は、世界的な有名ブランドとのライセンス契約を獲得して、そのブランド名を冠した商品を製造・発売しました。するとこの商品シリーズがヒットして、同社

の屋台骨を支えるようになり、会社は大きく成長しました。ところが、そのブランドとのライセンス契約が終了することになります。そのブランドがグローバルに直営展開する戦略を採用したためです。

これにより、同社の業績は急激に悪化しました。テナントビルをはじめ保有資産を切り売りしたり、大量の希望退職者を募ったりと、生き残りを図らなければならない経営危機に陥りました。

この会社が苦境に陥った直接的な理由は、海外ブランドとのライセンス契約が終了したことかもしれません。しかし本来、**どんなヒット商品でも必ず寿命があり、また、それがいつくるかはわからないので、常に寿命がきたときに備えておく必要があるはずです。**その備えを怠っていたことが、同社の危機を呼び込んだ本質だといえます。

そして同社のように、**ヒット商品が出たあとに、逆に経営危機に陥るというパターンは、多くの中小企業でも見られます。**

ヒット商品が売れているうちに会社の足元を固める

ヒット商品が出たあとに会社が経営危機に陥るのには、いくつかの理由があります。

まず、**「うちはこの商品で、当面は食べていける」と感じることで、社長をはじめ社内の空気が緩んでしまうこと。**中には「俺は成功した」とばかりに、慢心して仕事をおろそかにしてしまう社長もいます。

セミの卵が幼虫になり、さなぎを破り成虫になっていく様を「蛻変《ぜいへん》」といいますが、経営もいつも新しい価値観に向けて社長・会社が、「脱皮・変身・成長」を繰り返していくようにすることが必要です。それなのにヒット商品を生んで、うちは成功したなどと考えた途端、経営にとってもっとも大切な「脱皮・変身・成長」から遠ざかっていき、没落への道を進んでいくのです。

次に、**売上を最大化するために、社内体制をヒット商品の製造・販売に最適化し、社内リソースを集中させてしまうこと。**そんな体制にしてしまえば、いずれヒット商品の寿命が尽きたときには、すべてが逆回転します。

ヒット商品は放っておいても売れます。知恵を絞って工夫して売る努力が必要ありません。だから、ヒット商品だけに頼っていると、新製品開発力、新規営業力など、会社を成長させるための力が全体的に落ちていきます。そのため、ヒット商品の寿命が尽きたとき、それに代わる新たな収益源をすぐに生み出せなくなるのです。余裕のある大手企業ならともかく、中小企業であれば一気に倒産に進む危険もあります。

本来、ヒット商品に恵まれるのは幸運なこと。でも問題なのは、それに頼り切って安心してしまう社長や社員なのです。

そこで、**ヒット商品が生まれたら、その商品の寿命を設定します。**それも、通常の想定よりできるだけ短く設定することです。例えば、市場調査で、あと5年くらいは売れ続けるだろうという結果になったら、寿命を「3年」と設定するのです。そして、その3年間は無駄を省いて利益を最大化して、できるだけ累積利益剰余金を積み重ねます。

その一方で、設定した寿命の内に、できるだけ早くに次のヒット商品を出せるような社内体制を作ります。**ヒット商品を担当する部門とは別に、新業態や新商品を開発する部門を設けて、開発や新規取引先開拓を続けるのです。**

こうして、ヒット商品が売れている間に、会社の足元を固め、変化に耐えられる体力を強化しておけば、いずれ次のヒット商品を生み出せるはずです。

やっては
いけない

02

売れているビジネスモデルを簡単に真似る

模倣は恥ずかしいことではない

古今東西、優れた学問、芸術、文化、そして経営の多くが模倣からはじまっています。先人の作り出した知見の本質を見抜いて模倣し、そこに少しだけ新しいものを付け加えた人が、偉大な学者、芸術家、経営者となったのです。

18世紀フランスの哲学者・文学者のヴォルテールは、「独創性とは、思慮深い模倣にすぎない」と述べていますし、スペインの画家サルバドール・ダリは「何も真似したくないなんていっている人間は、何も作れない」と断じています。

経営の世界でも、例えばAppleの創業者スティーブ・ジョブズは「偉大なアイディアを盗むことに関して恥じることはない」といっていました。

そして、そのAppleを徹底的に模倣した中国のXiaomi《シャオミ》は、売上高が日本円で5兆円超、中国国内でのスマホの市場シェアが本家のAppleを超えました。今では、家電製品や電気自動車なども扱う巨大メーカーに成長しています。

もちろん、著作権や意匠権などの知的財産権を侵害するコピー商品は論外ですが、物事の本質を見抜いてモデル化して模倣することは、人類の進歩に欠かせない行為です。

経営の世界でいえば、**経営資源の少ない中小企業は特に、他社で成功している事業や機能、組織などをヒントにしたり、ときにはその他社に直接教えをこうたりして、自社に応用して採り入れていくことは、絶対に必要です。**

私たちの塾生でも、模倣戦略で成功した会社はいくつもあります。

例えば、もともとWebサイトデザインの事業をしていた会社は、高いシェアがあるマッチングプラットフォーム（「ヒトとヒト」や「ヒトとモノ」をつなぐマッチングサービス）のビジネスモデルを模倣して、同様のサイト運営をはじめました。ただし、模倣するだけでなく先行サイトを徹底的に研究して、オリジナルの機能やデザインを加えて改良したことで、多くの利用者を獲得しました。

さらに、このマッチングサイトを構築できるシステム自体を商品化して、横展開で販売する事業にも乗り出し、数年のうちに年商が5倍以上に急成長したのです。

自社のリソースを前提にして本質を模倣するのは、猿マネとは異なる

ただし、ここで注意していただきたいのは、ビジネスの模倣は、表面的に同じことをするだけの「猿マネ」ではあってはならないということ。

まず、そのビジネスを実際に利用したり、新聞やネットで徹底的に調査したりして、どのような事業環境の中で、誰に対して、どんな価値を提供することで成立しているのかを構造化して把握します。ビジネスモデルの把握といってもいいでしょう。

次に、そのビジネスモデルの成功を成り立たせている構成要素を洗い出します。

そして、それらの要素を分類したり、極大化・極小化したり、組み合わせたりして、自社のリソースとかけ合わせて、どう取り込むのかを考えるのです。

その際にポイントとなるのが、**自社のリソースで運営できるか**という点です。

例えば、ビジネスによっては、利幅は大きくても、売掛金の回収期間が長くて資金が寝てしまうというモデルもあります。そういうビジネスでは運転資金がたくさん必要になりますが、自社ではそれが確保できるでしょうか。

固定費比率が高いビジネスモデルだったら、売上が損益分岐点を超えれば、売れれば売

れるほど利益割合は増えますが、もしなんらかの事情で売れない時期があったとしても固定費は支払わなければなりません。損益分岐点を超えるまでは赤字になるので、その期間の資金は用意できるでしょうか。

店舗に販売員が必要なら、それを担当できる社員はいるでしょうか。新規採用するなら、教育できるマネジャーや店長を任せられる人材はいるでしょうか。

商品の仕入れ、資材の調達などのルートは開拓できるでしょうか。開拓できたとして、取引条件の契約を自社の望む内容にできるでしょうか。

これらはほんの一例ですが、そういったすべての要素をまかなうリソースがあるかどうか、それが会社の実力です。

参考とするビジネスモデルのエッセンスを、現在の自社のリソースや実力を踏まえた上で、調整・応用して自社に採り入れられると判断できたなら模倣は試みるべきです。

自社の実力を踏まえない単なる表面的な猿マネでは、失敗するのは必定です。

やってはいけない

03 モンスター顧客と戦う

お客様が無理をいうときには事情がある

小売業では、顧客からの文句やクレームは日常茶飯事です。中には、どう考えても理不尽な要求をしてくる「モンスター顧客」もいます。そのような顧客への対応は、社員を成長させる絶好の機会だと捉えなければなりません。

例えば、私たちの店ではこんなことがありました。

あるお客様が掃除機を購入して持ち帰りましたが、翌日に、その掃除機を持ってやってきました。そして販売した社員を呼んで、「返品したい」といいます。その理由は「音がうるさい」というものです。

しかし、その社員は、前日にお客様から掃除機選びについて質問されたときに、その商品は、価格は安いが音は大きい、静音タイプがほしいのなら、もう少し高い価格帯の商品を選ばなければならないということを、しっかり説明していました。お客様はその説明を聞いて、考えた末「音が大きくても安いほうがいい」ということで、納得してその商品を購入しています。

しかし、お客様は「こんなに騒音が出るなんて聞いていなかった。これでは使えないから返品する」といいます。

こういうとき、多くの店員は「それは困ります。ちゃんと説明して納得して買っていただきましたよね」といってお客様を説得したり、「静音タイプがいいのなら、こちらの商品はいかがですか」と、別商品をすすめたりするのではないでしょうか。

しかし、社員のいうことが正しかったとしても、**理屈で説得してお客様に勝とうとするのは、まったく意味がないのです。**

お客様が文句やクレームをいってくるのには理由があります。その理由は、必ずしも理路整然とした理屈が通るものとは限りません。

先ほどのお客様は、掃除機の返品の原因が実は騒音ではなく、無断で掃除機を買ったことを夫から叱られて、返品するようにいわれてきたのかもしれません。

そうであるなら、店員がいくら理路整然と説得しても、あるいは他の機種をすすめようとも、お客様がそれで納得したり満足したりするはずがないのです。

もしその場では**理屈でお客様に勝ったとしても、お客様の不満足を増大させるだけであって、決して利益にはつながりません。**

小さな局面で勝ったところで、大きな局面で見れば負けているのです。

それが理解できれば、お客様の事情が具体的にはわからなかったとしても、何か事情があるのだろうと察して、理不尽ではありますが「では、今回は返品を受けつけます」といえるようになります。すると、お客様は、内心ほっとして「助かった」と感謝しますし、家に帰ってから夫婦で、「あの店は無理難題にも応じてくれた。今度、何かを買うときは必ずあそこで買おう」という話をするかもしれません。

モンスター顧客は神様。艱難辛苦を受け入れることで社員は成長する

戦国時代、尼子氏に使えた武将の山中鹿之助は、「神よ、我に艱難辛苦《かんなんしんく》を与えたまえ。限りある我が身試さん」といったと伝えられます。

会社にとっては、お客様は神様です。その神様から与えられた理不尽なクレームは、まさに社員を試して鍛えるための艱難辛苦となります。

「クレームがきたらチャンスだと思え。お客様と戦うのではなく、それを受け入れられる自分になるように、自分と戦うのだ。そうすれば、そのたびに一回り大きくなる」

私は社員にはそういって、教育をしています。

これは、何百回もそのような理不尽を飲み込んできた私自身の実体験から出てくる言葉です。もちろん、ときには「どうしてこんなことをいわれなければならないのだ」と、打ちのめされるようなこともあります。しかし、それを乗り越えていくことで、自分が磨かれ10年後の自分を輝かせるのです。

とはいえ、ものには限度があります。そこは社長がしっかりと観察をして、**これは本当に無理だと思ったときは、社員任せにするのではなく、社長自らが対応して収拾を図らなければなりません。**

やっては
いけない

04 ブルー・オーシャンにすぐ参入する

「ブルー・オーシャン」と「レッド・オーシャン」

「ブルー・オーシャン」は、フランスの欧州経営大学院教授のW・チャン・キムとレネ・モボルニュによって考え出された概念です。2人の著書（『ブルー・オーシャン戦略』ランダムハウス講談社）は、日本でも翻訳され、ベストセラーになりました。

ブルー・オーシャンとは、一言でいえば競争がない未開拓市場のことです。一方、激しい競争が繰り広げられている既存市場のことは「レッド・オーシャン」といいます。

そして、**ブルー・オーシャン戦略は、「既存の事業やサービスに対して、何かを新たに『減らす』『取り除く』ことによる低コスト化と、『増やす』『付け加える』ことによる高付加価値化を両立させた新商品、新サービスを展開することで、競争のない事業領域を築く戦略」だとされています。**単に、新規の事業ならばなんでもブルー・オーシャンというわけではないことに注意してください。

また、もしそれがブルー・オーシャンの市場だったとしても、いずれは知れ渡って、競合が多数参入し、レッド・オーシャン化していくことも押さえておきましょう。

最近のいい例が、コロナ禍以降に一時期流行した餃子などの無人販売店でしょう。無人で冷凍食品を売る店はほとんど存在せず、事業者にとっては人件費削減、消費者にとっては24時間いつでも専門店の餃子が手に入る利便性がもたらされました。しかし、わずか2年ほどで、店舗が10倍以上にも増えて過当競争となり、現在では閉店が相次いでいます。

「いい情報」を聞いてもすぐに飛びついてはいけない

意識の高い社長なら、常にブルー・オーシャンとなる新規事業を探し求めているはずです。そのこと自体は、経営者として正しい姿です。

しかし、たまたま知り合いから「いい事業」の話を聞いたのですぐに飛びついたなど、あまりにも安直に取り組んで、手痛い失敗をする社長もあとを絶ちません。

まず、その情報の事業が本当にブルー・オーシャンなのかどうかを、よく確かめる必要があります。市場全体の動向はもちろんのこと、その情報をもたらした人物や、ＦＣ（フランチャイズ）なら事業を運営している企業は信用に値するのか、加えて、そんなにいい話がなぜ自分のところにもたらされたのかなどをよく吟味します。

また、**その時点では確かにあまり知られていない、チャンスが多いように感じられる事業であっても、それがいつまで続くのかという問題があります。**つまり、レッド・オーシャン化するまでの賞味期限です。先の無人餃子販売店はわずか2年でレッド・オーシャン化しました。

いつ頃までならブルー・オーシャンでいられるのか、それを遅らせる方策は考えられているか、レッド・オーシャン化したあとの撤退を見越すことができるか、なども確認しなければなりません。

例えば、私たちが酒のディスカウントショップをはじめたときは、全国で同業は13社くらいの早い段階でした。数年で年間20数億円の売上を作って大成功したのですが、10年程度でその事業から撤退すると最初から決めていました。なぜなら、近い将来に酒販免許が緩和されれば、そのビジネスのブルー・オーシャン期間は終わることが明らかだったからです。実際には、8年後の撤退となりました。このように、ブルー・オーシャンの賞味期限を想定しておくことは非常に重要です。

これらの点をクリアしたら、最後にそれが**自社の現在の実力に合った事業なのかどうかをチェックします。**つまり、保有している経営資源で運営できるかです。

例えば、新規店舗を出店するのに、店長として運営できる人材が社内にいるのか。既存店で店長をしている人材を新規事業のほうに送り込んだら、既存店はどうなるのか。あるいは、店長候補を新規採用できるのかなど、人材面だけでも考えることは山積しています。社員だけではなく、社長である自分が既存事業と新規事業、両方に目配せして管理できるかという社長自身の時間や能力による問題もあります。

さらに運転資金には十分に余裕があって、万が一にも資金ショートを起こさないか、不測の事態が生じたときにスムーズに銀行から融資が受けられるのかという点もあります。**参入から3年後、5年後を想定した損益計算書は当然作成すべきです。**

新規事業をはじめるには、本来これだけ慎重かつ入念な確認が必要なものであり、安易にはじめるものではありません。少なくとも2～3年程度かけて、十分に情報を集め吟味を重ねてから参入を決定するようにしてください。

しかしどれだけ慎重に検討しても、将来のことは確実にはわかりません。もし参入後に失敗したと感じたら、その時点で再び事業の将来性を検討して、将来性がないと判断したときは、損切りして撤退する決断も大切です。

やっては
いけない

05 既存顧客を大切にする

既存顧客も新規顧客もどちらも大切

顧客を既存顧客（リピート顧客）と新規顧客に分けて捉え、それぞれの事業に与える影響の違いを数値的に分析した研究については、見聞きしたことがある読者も多いでしょう。

例えば、一般的に、新規顧客を1人（1社）獲得するために必要なコストは、既存顧客を1人（1社）維持するために必要なコストの5倍かかるといわれます。これは、「1対5の法則」と呼ばれています。また、既存顧客の離脱（顧客離れ）を5％改善すると、利益率は25％改善されるという経験則もあります。これは「5対25の法則」と呼ばれます。

これらの法則による裏付けを知らなくても、多くの社長は経験的に、「お得意さん」を大切にします。しかし、**既存顧客ばかりを重視するのは考えものです。なぜなら、長い目で見れば必ず顧客は一定の割合で離れていくものだからです。**

そして、その離脱理由は、「顧客側の事情によるもの」と「自社に原因があるもの」とに分かれ、前者を防ぐことはできません。

例えば個人の顧客であれば、どんなに自社に満足してくれている人でも、いつかは必ず死亡して顧客ではなくなります。あるいは転居やライフステージの変化によって顧客ではなくなることもあります。

BtoBの業種であっても、顧客が倒産する、あるいは自社が扱う領域の事業から撤退するなどして自社の商品・サービスが不要になることもあります。

ちなみに、顧客離脱率は、業種によっても異なりますが、BtoCの小売業であれば、毎年10〜30％程度になるといわれています。

その離れていった既存顧客の分を埋めるためには、それと同じだけ新規顧客の獲得を行わなければなりません。しかし、離れていった顧客と同じ数の新規顧客を獲得できても、それでは現状維持にしかならず、事業や会社は成長していきません。**会社の成長を目指すのであれば、離れていく既存顧客数以上の新規顧客を常に獲得し続けなければならないということです。**

既存顧客は会社の安定した経営を維持するための土台として、当然大切にしなければならない存在です。その一方で、既存顧客の離脱を補い、会社をさらに成長させていくために、新規顧客の開拓、獲得にも熱心に取り組まなければ、会社はジリ貧になります。

つまり、既存顧客と新規顧客はどちらのほうが大切というようなものではなく、どちらも大切にしなければならないのです。

離脱した顧客の声は宝の山

自社に原因があって顧客が離れる場合も多々あります。この場合、自社内の原因を取り除くことで顧客離脱を防げます。それは顧客にとって自社の魅力が増すことですから、新規顧客の獲得にもつながるので、非常に重要です。

社長と社員の総力で、原因の原因まで深掘りして、本当の原因を探っていきましょう。

例えば、「近くにライバル店ができたことが顧客離れの原因だ」というのでは、分析になっていません。なぜ、顧客が自店ではなくてライバル店に行くのかを探ります。自社よりも安いのか、品揃えがいいのか、店員の対応がいいのか、駐車場が広いのか……。ライバル店を選ぶ理由がいくつもあるはずです。それを探らなければなりません。

さらに、「ライバル店のほうが店員の対応がいい」ことが客離れの原因だと推測できたら、なぜ自店の店員の対応は悪いのかと、原因の原因を深掘りします。配置人員が少ないために忙しすぎて余裕がないとか、上司がパワハラ体質で店内の空気がギスギスしているとか、業務マニュアルに不備があるとか、何か原因があります。そうやって、顧客が離れていった原因をいくつも見つけ出して、それを仕組みで改善していくのです。

ただし、社内での分析だけでは不十分です。例えば、店長などの管理職が、自分の評価を下げないために、現場の悪い情報を意図的に隠蔽することもよくあるからです。

そこで、**顧客の声を直接聞く、アンケート調査はぜひとも実施してください。**その際に注意するのは、顧客に直接アンケート用紙が行き渡り、本社（社長）が直接回収できるようにすることです。これも現場での隠蔽を防ぐためです。今なら、アプリやＬＩＮＥなどを利用すれば比較的簡単に実行できるでしょう。BtoC 事業だけではなく、BtoB 事業でも、取引先に協力を依頼し、顧客アンケート（ヒアリング）を実施するようにします。顧客アンケートには、多くの営業改善のヒントが詰まっています。

また、飲食店や小売店に限られますが、覆面調査員（ミステリーショッパーズ）を活用することも、非常に有効です。

離脱した顧客や、離脱しそうになっている顧客の声こそ、業務改善、組織改善のヒントが詰まった宝の山です。必ずその声を拾い上げて、耳を傾けましょう。

やっては
いけない

06

営業マンが広域エリアを担当している

営業マンの移動時間は何も生産しない無駄な時間。限りなくゼロに近づけよ

訪問営業を行っている会社についてのテーマです。

新規顧客の開拓や既存顧客への訪問営業を担当するエリアが、非常に広くなっていることがよくあります。これには理由があります。

まず、創業間もない時期には自社の営業マンの数も少ないため、1人が担当するエリアが広くなることが挙げられます。これはある程度仕方ありません。

次に、もとからあった人間関係に頼ったり、紹介によって顧客になってもらったりする「人脈頼り」の営業が中心となっているため、顧客が存在するエリアが絞り切れないことが挙げられます。商材の価格にもよりますが、東京の会社が神奈川、千葉、埼玉はもちろん、場合によっては長野や静岡や茨城や福島の顧客にも訪問するといった具合です。

エリアありきではなく顧客ありきで、顧客がいるならどこでも行く、というやり方をしなければ初期の顧客増加は見込めません。

さらに、最初は近くに所在していた訪問先顧客が、転居や転職などにより遠方に移転してしまうこともあります。

したがって、社歴・営業歴が長い古参の営業マンほど、広いエリアに数多くの顧客を抱えるようになっていくのが、訪問スタイルで営業する会社の一般的な姿です。

しかし、**顧客が属人化し、1人の営業マンが担当する顧客のエリアが広域になればなるほど、顧客訪問の移動時間が長くなり、営業効率が悪くなります。**移動時間は、まったく売上を生まない無駄な時間であり、その時間が長いほど生産性が低くなります。

そこで、訪問営業事業をはじめた直後で営業マンも顧客も少ない時期ならともかく、**ある程度営業マンも顧客も増えてきたなら、顧客ありきで担当させるのではなく、エリアありきで担当させる、テリトリー制（エリア担当制）に転換しなければなりません。**

例えば、東京なら城東、城西、城南、城北の各エリアに分けるといった具合です。あるいはもう少し狭く、2~3の区を担当させるということでもいいかもしれません。そうすれば、移動時間は最小で済み、逆にいえば生産性が最大になります。

ただし、実際には、既存顧客の担当者をいきなり全部代えることは難しい場合もあります。その場合、テリトリー制導入1年目は30％、2年目は20％だけ担当エリア外で営業をしてもいい、などの例外を設け、それを時間とともに少しずつ減らしていくといった方法も有効です。

テリトリー制導入当初は大反対した営業マンたちが、導入に感謝

私たちの塾生に、ミネラルウォーター関連の訪問営業をしている会社の社長がいました。創業から20年ほどですが、古くからいる営業マンは、人脈を頼りにミネラルウォーターのサーバーシステムを販売していました。人脈優先で顧客開拓をしていたため、顧客は広域のあちこちに点在しています。

売上が伸び悩んで困っていた社長に頼まれて、経営改善に着手し、まず営業マンの移動時間の調査を行いました。すると、営業マンが活動している時間中、実に30％が移動時間だったのです。なんという無駄でしょうか。

そこで、テリトリー制の導入をしましたが、移動効率を無視して話をしやすい顧客を優先的に回っていた営業マンや、特に役員を含めた古参の営業マンが猛反対をしました。「なじみの営業マンを代えるのは顧客軽視だ」「既存顧客が減るので自分の売上が減る」など

というのです。反発して会社を去った古参営業マンもいました。しかし、このまま売上の低迷が続けば会社は立ちゆかなくなります。

テリトリー制導入当初は一時的に売上が落ちたものの、2年後からはV字回復。移動時間が短縮されたおかげで各営業マンの顧客との面談件数や面談時間がほぼ2倍になったのです。売上が伸びないわけがありません。そして、3年目には過去最高の売上高を計上しました。退職した営業マンの補充は行っていなかったので、以前よりも少ない営業マンの数であるにもかかわらずです。

営業マンの年収も全員大きく引き上げられ、テリトリー制導入時には反対していた営業マンたちも全員大喜びで、私は大いに感謝されました。

人脈頼りだった会社がテリトリー制を導入して移動時間を短縮すれば、顧客との面談時間は倍増して、売上は何十％も増える可能性が高いのです。

もし、営業マンのテリトリーを決めずに訪問営業をさせている会社があれば、すぐに改めてテリトリー制を導入することを強く推奨します。

やってはいけない

07 目標数字が足りないときに、広告を増やして達成を図る

新規店舗の赤字に焦って広告を増やした失敗

かつて私が経営していた電器店が、フランチャイジーとしてマツヤデンキグループの一員となったのは１９８３年のことでした。その翌年には香川県の高松市、翌々年には徳島県徳島市と続けて、中型店を出店します。特に徳島店は、はじめての香川県外への進出だったため、私は大いに意気込んでいました。

ところが、鳴り物入りで出店した徳島店の業績数字が、かなりの赤字だったのです。普通、どの店でも出店1年目は赤字になるものですが、それを考慮してもかなり大きな赤字でした。未熟だった私は焦ってしまい、地元で購読シェアが高かった徳島新聞の折り込み広告の頻度を大きく増やしてしまいました。そもそも足元の店舗運営体制が固まっていないうちに、広告だけで無理矢理売上を伸ばそうとしてしまったのです。ところが当時、徳島新聞の広告代はとても高く、広告代だけで膨大な経費がかかるようになり、来客は増えたものの、赤字は解消しません。

目先の数字にとらわれ小手先の対応をしたことが、完全な失敗だったのです。それに気づいた私は、徳島店の店長を呼び「広告は３割減らす」と告げました。店長は驚きましたが、その代わり店舗運営や接客を徹底的に見直し改善して、足元を固めていこうと話し、そのための方策を練りました。こうして、**広告費を大きく減らす一方、現場の店員教育やオペレーションを徹底的に見直すことで、黒字化を達成しました。**

目先の対応は経営の本質を歪ませる

短期（月次から半期程度）での経営状況は、偶然の要素に左右されて、経営計画の未達や上振れが生じることがあります。店舗であれば、たまたま今月は雨が多くて客足が伸びなかったとか、たまたま猛暑になって想定以上にドリンクがよく売れた、といった類いのことです。経営者であれば、このような目先の状況の波も気になるのは当然です。しかし、目先の状況変化にあまりにも右往左往してしまい、「今月は売上の調子が悪いから、広告を多めに打つ」「今期の業績は想定より悪くなりそうだから、期末に特別セールを開催する」「社員にはっぱをかけるために販売報奨金を出す」など、小手先の対応をとるのは問題です。

たしかに、こういった施策を打てばそれなりの効果が出るでしょう。しかし、**その場しのぎの対応は経営を歪め、数カ月から数年後にしっぺ返しを食らうことになるのです。**

例えば割引セールをすれば、一時的に売上は伸びるでしょう。しかし、その反動で、数カ月後の売上はかえって落ちてしまいます。それだけではなく、「あの店は割引セールをよくやるから、セールになるまで待とう」と顧客に買い控えが起こりかねません。セールをすればするほど、通常価格での販売が難しくなっていくのです。

また、割引セールを打ったり、広告チラシを増やしたりして来客が急増したとき、しっかり対応できるだけの社内体制が作れているかという問題もあります。接客にあたる店員、配達員、配達車両、十分な商品在庫、余裕のある駐車場などが準備されているかということです。

店員不足で不十分な接客しかできなかったり、配達員や配達車両の不足で配送に遅れが生じたり、目玉商品として広告に載せた商品が品切ればかりだったり、駐車スペースがなかったりすれば、顧客は店に対して不満や不信感を抱くでしょう。二度と利用してくれなくなる恐れもあります。そんなことならセールなどやらないほうがましです。

さらに、**業績の悪い時期、社員の鼻先に販売報奨金などの「にんじん」をぶら下げたり、**

あるいは「今月中になんとしてもあと〇万円売れ」などとノルマを課して鞭を入れたりすることも考えものです。短期的に無理な販売をさせようとすれば、強引な接客で顧客の不興を買いかねません。また、社員の無理な頑張りは長くは続かないものです。さらに、報奨金の支給は、よほどうまく工夫をしないと、社員はそれをもらえることが当たり前と思うようになり、廃止しにくくなります。一時的な対策であったはずの報奨金が恒常化してしまい、実質的にベースアップと同じ意味となってしまうこともあり得ます。

いずれにしても、短期的な計画未達で右往左往して小手先の対策を打つことは、長期的に見れば、会社を歪ませるマイナス効果のほうが多いと考えましょう。

それなら、どうすればいいのかといえば、**一時の業績のぶれに右往左往することなく、足元での業務改善を、PDCAサイクルを回しながら地道に続けることで、当初計画の達成を目指すべきです。**そのために現場を見直し、業務効率化や生産性向上を図ったり、売れる仕組みを考えたりすることこそ、社長の仕事です。

目先の会社の姿を整えることではなく、数十年後のビジョンに近づくための最善策を常に描かなければならないのです。

やっては
いけない

08 仕入れ先や協力会社に値下げさせる

自社だけの利益を優先する姿勢は、会社を弱くしていく

売上に対する粗利（売上総利益）率は、わずかに変動するだけで、営業利益や純利益を大きく変動させます。そのため、粗利率を把握しコントロールすることは非常に重要です。

そして多くの社長が、粗利率を上げるために、売価はそのままで原価を下げようとします。しかし、そこで注意しなければならないのが、**粗利率や粗利額を引き上げること自体は、経営の目的ではないという点です。**ここで考え方が本末転倒となり、粗利率の改善（上昇）を目的のように捉えてしまうケースがよくあるのです。すると、経営の本義が損なわれ、会社の体力が奪われていってしまいます。

原価は「固定原価」と「変動原価」とに分けられます。

一般的に変動原価は、

・仕入れた商品を販売する卸売業や小売業の場合、商品の仕入価格

・製造業や建設業の場合、原材料や資材の調達価格
・協力会社（外注先）への外注工賃
などが当てはまります。

これらの変動原価について、自社が発注元であるため、仕入れ先や協力会社との力関係においては自社のほうが強く、価格引き下げ交渉が簡単なことのように感じられます。

実際、その会社でしかできない特殊な技術を用いたサービスを受けているとか、特別な商品を仕入れているという場合は別として、通常の商品やサービスなら、「値下げしてくれないなら、他の会社から仕入れる」とか「次からは他社に業務を依頼する」といえば、相手企業は渋々受け入れる可能性が高いでしょう。これはいわば「買い叩き」です。

「買い叩き」が成功して、仕入価格や外注費を引き下げられれば、確かにその時点での粗利率は上がります。

しかし、これは長期的に見れば必ず仕入れ先や外注先の離反を招きます。

もしかすると、**将来突然に「御社とはもう取引しない」といわれるかもしれません。**それが繁忙期だったら非常に困ります。

あるいは、価格を下げる代わりに、それまでは対応してくれた納期や納品数などについて柔軟な対応を断られるかもしれません。粗利率は少し上がったけれど、以前のほうが柔軟に対応してもらえ融通が利いて良かったとか、作業の品質が高かったということになりかねないのです。

最悪なのは、納品される商品や資材の品質が少しずつ粗悪なものになっていたり、工事などの作業で手抜きをされたりすることです。実際、大手ゼネコンの建築で、設計上の規定に合わない細さの鉄骨が使われていたといったニュースはたびたび目にします。

いずれにしても、目先の粗利率改善ばかりを考えていると、大切なものを失い会社が弱くなっていくのです。

経営を長期間持続するためには常に「三方良し」でなければならない

仕入れ値の引き下げを求める代わりに、価格以外の納期や納品数の柔軟性、あるいは作業量や作業品質などでの対応を求めて、仕入れ先とウィン・ウィンの関係を築き続けるほうが、長期的には会社が強くなっていくはずです。その結果として、売価を上げることができるようになり、粗利率が上がっていけば、それが理想です。

古くから近江商人の間で語られてきた「三方良し」という言葉は、「売り手、買い手、世間」の三者すべてが満足するような商売を目指せという教えであり、自社だけにメリットがあるような関係を目指すことは、間違っているといういましめです。

特に**仕入れ先や協力会社については、自社が発注元であったとしても、それで偉いわけでも、上に立っているわけでもありません。あくまでも共に栄えるパートナーであり、仲間なのです。**そこを勘違いして、仕入れ先や協力会社に、上から目線で偉そうな態度をとる会社がありますが、まったくの論外です。

私は、工事や配送を請け負ってくれる業者さんを「協業さん」と呼び、丁寧な対応をすることを全社員に徹底させていました。

夏の暑い時期に運送会社のドライバーさんの荷待ち時間が生じたときなどは、応接室に通して、おしぼりや冷たい飲み物を出してくつろいでもらいました。そうやって、丁寧に接していれば、いざ何か突発的な事態が起こって無理をしてもらわなければならないようなときも「御社のためなら」と積極的に協力してくれるようになるのです。

こういった関係の構築こそ、自社を強くする「三方良し」の極意です。

やってはいけない

09 値上げによって利益率を上げる

売価の値上げは、原価を引き下げるより簡単

粗利率を上げるには、原価を下げるだけではなく、商品やサービスの販売価格（売価）を上げる方法もあります。同じ原価で売価を上げれば、当然粗利率は上がります。

売価の値上げは、手続きだけで見れば、原価を引き下げるよりはるかに簡単です。原価を引き下げるためには、仕入れ先や協力会社などとの価格交渉が必要であり、相手に納得してもらわなければ不可能です。相手が協力会社であれば、強引かつ一方的な引き下げができると思われるかもしれませんが、さまざまなトラブルの原因となるので、やめたほうがいい行為です。

一方、売価は自社が自由に決められるものですから変更は簡単です。BtoCの業種であれば、値札を書き換えればいいだけのことです。BtoBの場合は相手との交渉は必要ですが、それでも、これからうちはこの価格で納品したいと通告すること自体は簡単です。

実際、オリジナリティが高く代替品が見つかりにくい商品や、個別性のある無形サービ

スなどを提供しているのであれば、BtoCでも、BtoBでも、値上げは可能でしょう。そして、値上げをすれば短期的には粗利率が上がります。

しかし、差別化ができていてオリジナリティが高い商品といっても、代替商品や代替サービスがまったく存在しないということは、普通あり得ません。また、市場規模にもよりますが、ニーズが高い商品であれば競合他社が必ず参入してきます。そのため、その値上げが単に粗利率を上げたい、要するに**「もっと儲けたい」という、自社の勝手な都合「だけ」の理由で行われていると顧客が感じれば、中長期的には必ず多くの顧客が離れていきます。**

価格は顧客が決める

誤解してほしくないのですが、私は「値上げをしてはダメだ」ということをいいたいのではありません。

顧客から認められ、受け入れられる値上げならしてもいいのです。つまり値上げをしても「今まで通りにあなたから買うよ」と、顧客にいってもらえるような値上げです。

値上がりの分だけ、商品やサービスの価値が向上していると顧客が感じられるのであれば、値上げは受け入れられます。

一例を挙げると、「東京ディズニーランド」のパークチケット（1日入園券・大人）は、1983年の開園当初の3900円から、数年ごとの値上げを繰り返してきています。2001年には、5500円でした。現在では、曜日や混雑予想に応じてチケット代が変わる「価格変動制」が導入されていますが、最高価格は1万900円なので、2001年からほぼ2倍の値上げです。これはもちろん、平均的な物価上昇率をはるかに上回っています。それでも、人気が衰えることはなく来園者は増え続け、休日のアトラクションには長い行列ができています。これは、新しいアトラクションが開発されるなど、値上げに応じてサービスの価値が向上していると顧客から認められているからです。

もちろん、ディズニーにはグローバルでの高いブランド力があり、熱心なファンが多いことも値上げが受け入れられる大きな理由です。**一般的な中小企業がディズニーのようなグローバルなブランド力を身につけることはかなり困難ですが、自社の商圏内、地域内に限ったブランド力を高めることは十分に可能であり、積極的に追求すべきです。**

例えば、小売店なら、店員がいつでも感じ良く笑顔で接客してくれる。客の無理な注文にも一生懸命応えようとしてくれる。こういったことだけで、地域でのブランド力はグンとアップします。そして、それが値上げを受け入れてもらえる素地にもなるのです。「あの店は値上げしたけど、サービスが良くなった」「店員の感じがいいから、少し高いけどあそこで買おう」と思ってもらえるということです。

これは一例ですが、**値上げに見合うだけ商品やサービスの価値を向上させたり、ブランド力を高めたりすれば、値上げができるのです。**逆にいえば、それらがないまま自分の都合だけで値上げをすれば、顧客離れが進み会社は衰退の道を歩むでしょう。価格はあくまで顧客が納得できるかどうかによって決められるものだ、ということです。

経営の神様と呼ばれた京セラ創業者の稲盛和夫氏は、「値決めは経営」といい、価格決定は社長のもっとも重要な仕事の１つだと説きましたが、それには、このような意味も含まれています。

価格は顧客が決めるというのが、値決めの本質であり、顧客の求める価格の上限を見通さなければならないのです。自社の都合だけで勝手な値決めをしないようにしてください。

やってはいけない

10 粗利率を常に高くする

場合によっては、粗利率が下がっても最終利益が残る方策も考える

ソフトバンクの孫正義氏が提唱した考え方に「タイムマシン経営」があります。これは、欧米ですでに成功しているものの、日本ではまだ普及していないビジネスモデルや商品、サービスなどを日本に持ち込んで展開する方法です。

現在のようにインターネットで海外の情報を簡単に入手できなかった時代には「現在のアメリカの姿は、10年後の日本の姿」といわれていました。海外で学ぶことは、日本の将来をタイムマシンで見てくるようなものだというのが「タイムマシン経営」の意味です。

私も、いつの頃からかタイムマシン経営を実践していました。

かつて、私たちは、東証一部上場企業であるマツヤデンキにフランチャイジーとして加盟していた全国96社の中でトップの売上を誇りました。しかし、当時の私は、決してそのポジションに満足していませんでした。さらなる高みを目指すために、毎年、家電小売り

先進国であるアメリカに視察に出かけ、いずれ日本もそうなるはずの、アメリカの家電小売業界や消費者の姿を熱心に学んでいました。

その中で特に目を引いたのが、当時はアメリカ最大（世界最大）の家電量販チェーンだった「サーキットシティ」を、新興チェーンである「ベストバイ」が猛追している様子でした。

サーキットシティは数多くの中型店舗を展開しており、ベストバイはサーキットシティの何倍もの面積を持つ大型店舗を集約的に展開していました。そして調べてみると、サーキットシティの粗利率が25％であるのに対して、ベストバイの粗利率は15％しかありませんでした。

簡単にいえば、サーキットシティは比較的厳選された品揃えで、販売価格は高め、そして手厚い顧客対応をしています。一方のベストバイは広い駐車場を備えた広大な店舗に、非常に多くの品を揃え、しかも安価で販売しています。

当然、ベストバイのほうが粗利率は低くなるのですが、その低さを補って余りある来店客数、販売数がありました。そして、ついに新興のベストバイがサーキットシティを追い抜き、全米トップチェーンの座につきます。一方、旧来のスタイルを変えられなかったサーキットシティは、その後、倒産してしまいます。

生き残りのために、粗利率を毎年下げさせた

間違いなく日本も大型店の時代になると確信した私は、マツヤデンキのFCチェーンを脱退しました。マツヤデンキは中型店舗を中心に展開しており、一方、北関東地方ではヤマダデンキ、コジマデンキの2大チェーンが大型店舗競争を展開していました。その状況の中、私たちは北関東のチェーンで、当時はまだ大型化に踏み切っていなかったものの、大型チェーンを志向していたカトーデンキ販売（現：ケーズホールディングス）と提携する決断をします。

他方で、私は、どうすれば毎年1％ずつ粗利率を下げることができるかのシミュレーションにチャレンジしていました。「上げる」ではなく「下げる」です。もちろん、最終利益が赤字になってはいけません。粗利率を下げても利益を残すためには、販売数量を大きく増やすしかありません。その方法を必死で考えました。

なぜそうしたのか。

当時の家電業界では、すでに関東の大手チェーン2社が粗利率を引き下げる値下げ競争

にしのぎを削りはじめていました。いずれも大型店舗化を視野に入れたものです。物量を背景にした値下げ攻勢で責めてくる大型チェーンの競合他社に勝つためには、こちらも、売価を下げる一方で、販売数をそれ以上に増やせる体制を作らなければなりません。そのためには、粗利を下げていっても十分に利益を残せる、筋肉質の経営体質にしなければならなかったのです。

実際には、粗利率を数ポイント下げるだけですぐ赤字になってしまいます。それは小手先の対応をしているからです。粗利率が何ポイント下がっても粗利額は増えて、黒字を残せるようにするには、社内の無駄を徹底的になくさなければなりませんが、それには業務の抜本的な刷新が必要になりました。

そうしなければ生き残れない環境だと判断していたので、必死でその仕組み作りを実現したのです。それが店舗の大型化であり、カトーデンキとの提携だったのです。

要は、粗利率を上げることが常に正しいわけでも、目標とすべきでもないということです。**現在から将来の経営環境を正しく読み、それに順応しながら成長していくために、粗利をどのように設定するべきかを吟味してください。**

第2章

事業計画編

やっては
いけない

11

大口顧客に安心する

実はまったく正反対。大口顧客がいるのは、大きなリスクとなる

これは主にBtoB事業を行う企業が対象となるテーマです。

「大企業が大口顧客となってくれているから、うちは安泰」

「小口の取引先ばかりだと不安定だから、大口で取引してくれる顧客を開拓しなければ」

多くの中小企業経営者は、このように考えます。営業マンに、もっと大口顧客を開拓しろとはっぱをかけたことのある社長も少なくないでしょう。しかし、大口顧客がいるから安泰というのは、単なる「錯覚」です。実際には、大口顧客の存在は、2つの点で会社に危機をもたらしかねない「リスク」となります。

1点目は、**取引の、ひいては経営の主導権を大口顧客に握られてしまうリスクです。**

そして2点目は、**現状維持志向が強くなることで、組織が弱体化していくリスクです。**

ここでは、1点目のリスクについての事例を紹介します。

私たちの塾生に、東海地方で樹脂製品の成形や加工を行っている会社の社長がいます。以前、その会社は地場の中小～中堅企業を取引先にしていました。ところが、あるきっかけで上場メーカーの１次下請けをしている売上高５００億円超の大企業X社から受注を得ることができました。

これは、元営業部長が入社してきたことがきっかけでした。以前に彼が勤めていた会社がX社と取引があり、役員とも懇意にしていたのです。そのコネクションがあったため、かなり大口の取引をX社から受注することができました。

それから3年後には、売上高に占めるX社の割合は、約50％にも達していました。X社からの発注はほぼ毎月あり、売上に大いに貢献していました。ただ反面、予算や納期が厳しく、粗利率は他の取引先に比べて大幅に低くなる上に、納期に間に合わせるために無理な残業をしなければならないこともたびたび発生していました。

そんなとき、事件が発生しました。

なんと、営業部長がX社の役員と組んで、経費の水増しをしていたことが発覚したのです。

大口顧客からの理不尽な要求を断れなくなり〝奴隷〟にされてしまう

社長は激怒して営業部長を解雇しましたが、それに対してX社の役員が「その解雇を取り消せ。さもないと、3カ月後にはお宅との取引を打ち切るぞ」と脅しをかけてきたのです。

社長は青くなって私のところに相談にきました。その内容は「なんとか穏便に営業部長に戻ってきてもらって、X社との取引を継続したいがどうすればいいいか」というものでした。

私は思わず、「アホいうな！」と一喝しました。ここでそんな要求を飲んだら、X社に人事権を握られて、この先ずっとX社の奴隷になる。経営者としてそれでいいのかと。

しかし社長は、50％も売上が減ったらとてもやっていけないと、憔悴し切った表情です。

そこで、私は会社に行って社長とともに会社の窮状を社員に説明しました。そして、社員一丸となって、新規取引先開拓の大作戦を実施しようと、熱く檄を飛ばしました。社員は皆理解してくれて、全員で社長を支えて、会社の危機を乗り越えようと、ボルテージが上がります。私はその姿を見て、「これなら大丈夫だ」と確信しました。そして、社長にはX社に「お好きにどうぞ」と伝えさせたのです。

その結果、本当に3カ月後にはX社からの発注がなくなりました。しかし、その間に開拓した新規取引先があったため、売上は3割減程度で済みました。そして、そこからさらに半年ほどあとには、X社と取引していたときと同程度の売上規模まで回復したのです。

しかも、新規取引先はいずれもX社より高い粗利を得られる価格での受注となったため、粗利率が5ポイントも上昇しました。

総売上高のうち、取引先のトップ1社が占める割合を「1社依存率」といいます。事例の会社のようになりたくなければ、この**1社依存率は可能な限り、20%以下に抑えるということを、肝に銘じてください。**どんなに高くても30%まで。もし30%以上になっているのなら、すぐにでも新規開拓に取り組んでください。

理想的には、**依存割合20%前後の主要顧客が3社程度あり、10%程度の顧客が3社程度、あとは小口の顧客となっていることです。**そうすれば、もし依存度トップの取引先からの受注がなくなったとしても、さほど慌てる必要はなくなります。

なお、大口顧客の2点目のリスクについては、次の項目で触れます。

やっては
いけない

12 長期の業績安定に安心する

掲げた夢に向かって、貪欲に変化と成長を続けなければ会社は衰退する

中小企業が毎年安定的に一定以上の売上、利益の計上を続けていくことは、なかなかできることではありません。その状態まで会社を育てた社長の手腕は、まず素晴らしいと評価できるでしょう。

しかし、そんな会社でも、社長が「これでもう十分だ。あとは、この安定した状態がずっと続けばいい」と思っていれば、そこには大きな危機の萌芽《ほうが》が生じています。**「このままでいい」と考えていては、環境変化に対応したり、より成長を目指したりするための努力をしなくなります。**すなわち、新しい事業や商品を開拓すること、社員を教育してレベルアップすること、会社の組織をより効率的なものにすること、社長自身が勉強して経営者としての能力を高めることといった努力を、ないがしろにしてしまうのです。

その社長の姿勢は、当然社員にも伝播します。日々の業務の中で、どうすればもっと効率良く仕事ができるか、売上が伸びるかといったことを社員は考えなくなっていきます。

それどころか、**どうせ努力をしなくても同じように売上が上がり、同じように給料がもらえるなら、なるべく手を抜いて、疲れないように仕事をしようと考えるようになります。**残念ながら、易きに流れるのは人間の性です。そうやって、いい仕事をしようという活気が社内から失われ、少しずつ組織がダメになっていくのです。

さらに、**社長が現状を良しとしていれば、組織内で不正や不祥事などが発生していても、それに気づかないことがあり得ます。**

以前、私たちの塾に入って指導を受けたいといってきた会社がありました。しかし、私がその会社を見にいったところ、現場のオペレーションもほぼ完璧、社員教育も行き届いて、社内もぴかぴかに掃除が行き届いている。おおむね非の打ちどころがありません。それで私は、「素晴らしい経営をしているから塾に入る必要はない」といったのですが、２年後にその会社で大問題が発覚しました。なんと、社員が取引先と組んで、商品部品を横流しして、私服を肥やしていたのです。

助けを求めてきた社長に「あなたほどの社長がどうして不正に気づかなかったのか」と聞いたところ、経営が好調であったために、最近は外部団体の仕事に割く時間が増えて、社内を見る時間が減ってしまっていたとのこと。まさに安定経営での慢心が招いた事態であり、社長に原因があったのです。

そんな状態の会社では、何かのきっかけでひとたび事業環境が変われば、坂道を転げるように業績が落ち込んでいきます。また、仮に事業環境上の大きな変化がなかったとしても、だんだんと組織が弱体化し、現場の活力が失われ、製品やサービスの質が悪化して顧客が去り、いずれ衰退の道を歩むことになる恐れが大きいでしょう。

前項目のテーマである「大口顧客が存在するリスク」の2点目が、まさにこの安定しているがゆえの組織弱体化に他なりません。

年度単位の事業計画を毎期達成しているだけではダメな理由

経営を続ける以上、絶対に「これで経営が完成した」などと思ってはなりません。**どんなときでも常に、「今の姿は、単なる途中型」なのだと肝に銘じておくべきです。**

そして、**「今の姿が途中型」だと認識するためには、将来の夢や目標・ビジョンと、その夢やビジョンに向かう長期計画が必要です。**夢を記した長期計画があれば、今はその頂上に向かう3合目にいるのか、4合目にいるのか、はっきりわかります。

事業計画は、①遠い将来にこうなりたいという夢やビジョンを描いた超長期計画、②そのために10年後にこうなっているという長期計画、③3～5年後の具体的な事業、組織の姿や業績目標を記した中期計画、④今期（期末なら来期）の業績目標を定めた短期計画が必要です。

夢を実現するためには、10年後にはこうなっている、そのために5年後、3年後にはこうなっている、そのために来期、今期はこう行動すると逆算思考で現状に落とし込んでいきます。したがって、**年度単位の短期計画は、長期の夢に向かってどれだけ進んでいるかという観点から常に精査しなければなりません。**仮に、短期計画が毎期安定して達成されているとしても、それが長期の夢の実現に沿っていなければ、十分な意義はありません。

夢から逆算して現状を捉えれば、短期目標が達成されていても、決して今で十分という気持ちにはならないはずです。まだまだ足りない、もっと伸びるはずだし、そのためにやることがいくらでもあるという、貪欲なまでに成長を求める気持ちを忘れてはいけません。それこそが、会社を守り育てるエネルギー源です。

やってはいけない

13 新規事業で業績悪化のピンチを脱しようとする

たまたまうまくいった新規事業はダメになることが多い

企業経営を長く続けていると、業績が良いときもあれば悪いときもあります。社長は良いときには良いときなりの、悪いときには悪いときなりの打ち手を考えなければなりません。テーマとなっているように、業績が悪いとき、それを脱するために新規事業に取り組んで、そちらで業績を上げていこうと考える経営者は意外と多いのです。しかしこれは、ほとんどの場合、最悪の打ち手となります。

私たちの塾生に、健康グッズなどを製造販売する会社を営む野崎社長がいます。会社の業績は厳しく、かろうじて利益が出せている程度。設備投資や運転資金で借りている銀行融資を返済するとほとんどお金は残りません。このままでは会社の将来性はないと考えた野崎社長は、新事業開発を考えます。そして自ら考案した、「ペットの健康をサポートするグッズ」の開発に取り組みました。

クラウドファンディングで資金集めをして開発したその新商品は、幸運にもヒット商品となり、過去最高益を計上しました。野崎社長は、平凡な町工場からヒット商品を生み出した敏腕若手経営者としてテレビのニュース番組にも取り上げられて、有頂天です。「塾長、やっぱり新規事業に取り組まないとダメですね」という野崎社長に、私がかけた言葉は「ご愁傷様」でした。野崎社長は、さすがにムッとした表情を見せましたが、それから1年後にはその言葉の意味を知ることになります。

他社からそのペットグッズの類似商品が多く登場し、製品の売上が急減。野崎社長は新商品の事業に注力して、以前からの健康グッズの事業は活動をほとんど行ってこなかったため、業績が低迷。決算では営業赤字に転落し、ペットグッズの在庫を抱えて資金繰りにも窮するようになります。

野崎社長はそのときになってはじめて、「あのとき塾長にいわれた言葉の意味がわかりました」と素直に述べ、私たちと一緒に会社を建て直していくことにしました。

既存事業が悪化した原因を突き止め、それに対処せよ

既存事業の状況が悪化しているのであれば、それは社長がそれまで行ってきた経営が間

違っていた、成果を発揮しなかったということです。まずはその事実を虚心坦懐《きょしんたんかい》に受け入れなければなりません。そして、**どこがどう間違っていたのか、なぜ成果が出なかったのか、それを徹底的に追求することが第一に行うべきことです。**

例えば、製品やサービスの品質が落ちているとすれば、なぜ品質が落ちたのか？　製造工程でミスが多発しているからだ。なぜミスが多いのか？　製造部門社員のモチベーションが落ちているからだ。なぜモチベーションが落ちたのか？　給料がろくに上がっていない上に、有給休暇もとりにくいからだ……。

こういった具合に追求することで、業績悪化の根本的な要因にたどり着くはずです。その**根本的な要因を放置したままで、新規事業に取り組んで、仮に一時的に成功したところで、すぐに同じ要因から衰退に転じることは自明です。**

また、既存事業の悪化の原因が外部要因であっても同じです。

例えば、既存競合が増えたことが事業悪化の要因だとするなら、競合に負けないように商品やサービスを改良する、営業方法を見直す、社内が一丸となって新規開拓をするなどして、それに対応しなければならないはずです。もし、それができていないなら、なぜなのかを探ります。社長自身も全身全霊で考えなければなりませんし、幹部社員も知恵を出し合わなければならないでしょう。

このように、社長自身が生涯にわたってあらゆることから経営を考え、学び続ける、そして幹部社員も自己研鑽していく、その継続で会社を改善していくことが、経営の本質です。それをおざなりにしたまま、新規事業に飛びついても、長い間成功し続けられるはずがないのです。

新規事業自体は悪いことではなく、必要なこともあります。ただし、そのタイミングは、業績が良いとき、もっといえば過去最高益を計上しているときです。

過去最高益計上のときは、資金に余裕があるのは当然ですが、それだけ社員が力を発揮できているということですから人材にも余力があります。そういうときに、プロジェクトチームを作って新規事業参入を検討して取り組めば成功する可能性は高くなります。

逆にいえば、新規事業に進出する最低限の「参加資格」が、既存事業で過去最高益を達成する（少なくともそれに近い業績をあげる）ことなのです。それすらクリアできないなら、新規事業に取り組むのは時期尚早です。

やっては
いけない

14 新規事業に十分な資金と人材を投入する

適正な資金と人材で、筋肉質な経営が可能になる準備をしておく

前の項目で、過去最高益のときが、資金にも人材にも余力が生じやすく新規事業参入を検討するタイミングとしてベストだということを述べました。

それはその通りですが、**注意したいのは、余力があるからといって過剰投資をしないこと。**せっかく新規事業に乗り出すのだから、最初から大きく儲けようと、資金や人材を過剰に投資すると、損益分岐点が高くなる「肥満体質」になってしまいます。

例えば、新規事業のために必要以上の広さの店舗を借りるとか、10人の社員に担当させれば足りるところを、念のためにと15人に担当させるといったことをしてはいけません。綿密に損益シミュレーションをして、必要最低限の投資で事業拡大を図り、筋肉質の経営を心がけるのが、長い目で見れば利益を最大化します。

また、その時点での最適な事業拡大だけを考えるのではなく、それに加えて**将来の拡張性を意識しておくことも合わせて大切です。**会社は長期にわたって拡張していくべきもの

ですから、１回だけのことを考えてはいけません。

私が社長時代に新規店舗を出店するときには、将来に店舗面積や駐車場の面積を増やせるのかという点を必ずチェックしていました。

例えば、その時点では３００坪の店舗を作ることが最適だとします。しかし、店舗運営がうまくいけば将来的には５００坪の店舗が必要になるはずだと思えば、将来５００坪に拡張できる余地のある場所で出店するのです。そしていいタイミングになったときに拡張します。

これは一例ですが、拡張したいときにすぐにできる余地を残しておかなければ、成長スピードが鈍化してしまいます。

時間をかけて人材を育成しておくことが、新規事業成功のキモ

既存事業から新規事業に人材を配置する際に、どういう人材をどれくらい割り振ればいいのかは悩ましいところです。

新規事業は絶対に成功させたいので、エース級の人材を投入するべきです。しかし、い

きなりエース級の人材が抜けてしまえば、その人が働いていた既存の事業や店舗は混乱します。そのため、十分に準備に時間をかけなければなりません。

私たちは以前、100円ショップ事業や酒ディスカウント事業に進出しましたが、その際に、伸びしろがあり、これからどんどん成長していってほしい人材を選抜し、新規事業についての勉強会を開きました。

これまでとまったく異なる事業を行うとなると、当然社員は驚きます。中にはそんなことしたくない、と思う社員もいます。しかし、新しい事業への挑戦にやる気を見せて目を輝かせる社員もいます。そんな社員に、半年から1年くらいかけて新規事業についての調査や勉強をさせて新規事業を担当させるのですが、その際に条件を設けました。

それは、**これまで担当していた店舗販売などの既存の仕事はそのまま続けて、その業績を下げないということです。**当然、これまでと同じ仕事のやり方をしていては、無理なので、知恵を絞ってオペレーション改革に取り組むこととなり、業務効率化が進みます。

さらに、新規事業の業務に対しての給与アップはしませんでした。その代わり、実績に応じて特別ボーナスを支給します。

このようにして1〜2年程度の時間をかけて育成した、質の高い精鋭人材を必要最小限の数で割り振れば、新規事業の成功確率は非常に高まります。

さらに、既存事業のほうも、オペレーション改革で業務効率化が進みます。新規事業による拡大と、既存事業の業務効率化の一石二鳥が狙えるというわけです。

私たちの新規事業は、大成功しました。

社員にそれだけがんばってもらうためには、常日頃から社長が社員に熱く夢を語り、なぜ今新規事業に取り組むのか、それによってどれだけ夢に近づいていけるのかなどの思いを伝えて、求心力を保っておくことも非常に重要です。

ただし、そうやって人材を育成するには、やはり1〜2年程度の時間は必要になります。それだけの準備時間をかけて、満を持して新規事業に取り組まなければ、成功は難しいのです。

やっては
いけない

15 銀行からの融資を信用する

当時のほとんどの銀行は、将来を見ることができなかった

昔、日本中の商店街に、個人商店の玩具店がありました。

しかし、1992年に大規模小売店舗法（大店法）が改正され、それまでの大型店出店に対する規制が大幅に緩和されると、アメリカの巨大玩具チェーン「トイザらス」が2000年までに100店舗を展開しました。

それに対して日本の町に古くからあった玩具店の対応は、大きく2つのグループに分けられました。

1つは5〜10坪程度の小型店グループです。こちらはもともと収益性が低いところに玩具店大型化の波がやってきて、多くは経営危機に見舞われました。銀行も零細玩具店の将来には悲観的だったため、融資も受けられなくなります。そのため、多くは廃業しました。

もう1つは、10〜20坪の比較的大きな店を経営する、当時の「勝ち組玩具店」グループです。こちらは、零細玩具店の廃業による浮動顧客も取り込もうと、20〜40坪まで店舗規

模を拡大して生き残りを図る店が多くありました。

店舗不動産を持っていることも多く、長らく黒字経営であったため銀行からの信用が高く融資も受けられます。そこで店舗を拡張したり、広い場所に出店したりしていきました。

しかしその後、それらの多くは倒産、廃業していくことになりました。５００坪、１０００坪という超大型店が続々と増える中で、20坪の店を40坪に拡げたところで、何の意味もなかったのです。

しかし**10年単位で生じる時代の変化を、玩具店の社長も融資をした銀行も読むことはできませんでした。**皮肉なことに、早々にあきらめて廃業した零細店よりも、なまじ融資を受けられたばかりに、拡張路線に走った店のほうが深い傷を負うことになりました。

もちろん、融資を受けることを決めたのは社長の判断です。しかし、その判断の根拠の１つに「銀行融資が受けられるから」という材料があったとしたら、銀行というものをあまりにも理解していないというべきでしょう。

融資の有無だけで意思決定してはならない

銀行の与信は、過去の業績データや貸借対照表に計上された資産を見て評価することが基本です。マクロな視点で産業や業界がどう変化するのか、事業の将来性はあるのかなどを十分に評価できるとは限りません。最近では、業界動向などをよく勉強している銀行員も増えていますが、やはり評価の中心が過去のデータになることはやむを得ない面があります。

したがって**銀行が融資してくれるから拡張路線に進む、融資が受けられないから進まないというのでは、経営者としての軸がまったくないといわざるを得ません。**

私は社長時代、当時加盟していたマツヤデンキのFCから脱退し、ケーズデンキと業務提携をしました。私たちはマツヤデンキの全国FC加盟企業96社中で売上が1位であり、私自身はFC会の副会長でした。そのため、周囲だけでなく、社内にも、せっかく安定した売上があるのに、なんでわざわざそれを捨てて移るのかという疑問の声がありました。

しかし私は、今後は家電量販業界でも確実に大型店化が進むと読んで、小型~中型店舗を中心に展開し、それを変えようとしなかったマツヤデンキではなく、大型店舗展開の意向を持つケーズデンキのほうに大きな将来性があると踏んだのです。

そのFC移行に際して、数億円の資金が必要となり、メインバンクの地銀に相談しました。私たちは当時、優良企業で、もちろん融資返済が滞ったことなど一度もありません。決算書を見ている銀行はもちろんそれをわかっています。にもかかわらず、融資はけんもほろろに断られました。

仕方なく、メイン以外の銀行に申し込んでみましたが、どこも同じような冷たい対応でした。せっかく安定して売上を上げてきたマツヤデンキFCを脱退することが、銀行には理解できない行動だったのでしょう。

ようやくある銀行が1億円の融資をしてくれることになり、危機を乗り切りましたが、このときに、「経営者にとっては将来の発展を見越した決断であっても、ほとんどの銀行員にはなかなか理解できない」ということを痛感しました。その後、マツヤデンキからケーズデンキグループへの加盟をきっかけに店舗を次々と改装、たった2年で年商が37億円から80億円になりました。それがきっかけで17億円のシンジケートローンの組成に成功し、一気に大店舗化の波に乗れたのです。

やっては
いけない

16 好況の波に乗って事業拡大を図る

長期計画を立てていれば、不況のときこそ事業拡大のチャンスとなる

経済には好況、不況の波があります。

近年で見ても、2000年初頭のITバブル、リーマンショック（2008年）後の世界同時不況、2011~12年の円高不況、2013年以降のアベノミクス景気、2020年のコロナショックとその後の回復など、大きな景気変動の波がありました。

景気の動向は、正確には内閣府が算出している「景気動向指数」により表されますが、名前がつかないような小さい規模の景気変動は常に生じています。

また、国全体の景気動向とは別に、その業界独自の景気動向もあり、同時代でも業種によって景況感が分かれることもあります。例えば、2022年から急速に進行した円安により、自動車や電子部品などの輸出産業は業績に恩恵を受けましたが、原油や食料、医薬品などの輸入産業は輸入価格の高騰により利益が圧迫されています。

中小企業の経営も、景気変動の影響を受けます。優秀な経営者であれば、月次の、ある

いは四半期単位の受注や販売の動きなどから、景況感の変化を敏感に感じ取り、それに応じた手を打ちます。

ここで**よくある間違いが、景気のいいときを「事業拡大のチャンス」と見て動いてしまうことです。**

好景気のときというのは、モノがよく売れるときですから、物価が上がっています。新店舗や新工場の取得、新しい機械や設備の導入、新商品の仕入れなど、事業拡大に必要なものすべてを高く買うことになります。

モノだけではありません。人材の採用にしても、好景気のときはどの企業でも繁忙になるため人手が不足します。そのため、採用市場は極端な売り手市場となり、背伸びした条件を提示しなければ応募すらしてもらえません。

さらに、好況のときには金利も高くなっています。設備投資に用いる資金を新規で借り入れたり、既存の運転資金を借り換えたりする際にも、より高い金利でなければ融資が受けられなくなります。事業拡大のために多額の融資を受ける場合や、不動産など多額の資金を必要とする業種の場合は、わずかな金利の上昇で最終利益に大きな影響を受けます。

つまり**好況のときに拡大した事業は、最初から高コスト体質になってしまうのです。**

それでも、好況で売上が伸びている間は、回っていくかもしれません。しかし、いずれ好況は終わり不況の波がやってきます。そのときに、高コスト体質で構築された事業は耐えることができなくなり、経営危機へとまっしぐらに進んでいくことになるのです。

経営者が描かなければならないのは10年後、20年後の会社の姿

不況のときには、すべてが反対になります。つまり、設備投資や在庫投資は安価に行うことができ、人件費を抑えながら優れた人材を採用しやすくなり、銀行からの融資は低利で受けられます。だから、設備投資や事業拡大の大チャンスなのです。

しかし、「不況のときには自社の売上も落ちているのだから、投資や事業拡大をする余力がないのではないか」と疑問に思われる方もいるでしょう。

そういう疑問が出てくるのは、10年、20年先を見据えて、夢を叶えるための長期計画をしっかりと立案していないためです。経営の勝負の結果は、今年、来年の業績だけで決まるのではありません。**勝負をずっと続けていきながら、20年、30年先にこうなっていたいという夢を実現することこそ、経営者がなすべき仕事です。**そのためにビジョンがあり、長期経営計画があるはずです。

長期計画があれば、今は調子がいいから投資をしようとか、今は苦しいから投資を控えようといった発想は、まったく的外れであることがわかるでしょう。たとえ今苦しくても、合理的に考えて発展できるチャンスであるのなら、将来を見据えて行うべき投資や事業拡大をするべきです。

逆にいえば、そういうチャンスを逃さずに、事業拡大ができるように、長期計画に基づいた中期計画を策定し、常日頃から準備をしておかなければならないのです。

好景気で調子がいいから事業拡大しよう、不景気で不調だから投資を控えようというのは、計画も何もない、行き当たりばったりの経営だといわざるを得ません。そのような姿勢では夢の実現はとうてい不可能です。

なお、テーマ13では、新事業に取り組むのは自社が好業績の時期が良いと述べました。そちらは自社の業績の話で、本テーマは世間の好不況の話です。両者を組み合わせて考えると、自社の業績が良くて世間は不況のときが、新規事業進出や事業拡大に取り組む絶好のチャンスということになります。くれぐれも、逆のタイミングで行動しないよう注意してください。

やってはいけない

17 3年連続赤字だけどなんとかなると考える

3期赤字は異常事態。抜本的対策を講じなければ、最悪の事態も

事業には必ず好不調の波があります。想定外の不調の波がきて、ある期の決算が赤字となってしまうことは、やむを得ないでしょう。場合によっては、2期連続で不調が続いてしまうこともあります。

しかし、これが3期連続で赤字となると、話はだいぶ変わります。そもそも、ある期が赤字になったら、どんな経営者でも「これは大変だ」と感じるに決まっています。そして、売上拡大のための営業・販売強化策やマーケティング施策を打ったり、経費の削減を図ったりするはずです。

社員に対して、どこまでを開示するかは会社によりますが、ある程度はピンチの状況を社内で共有して協力を求めるはずです。ボーナスを削減したり、部課で利用できる経費予算を減らしたりする会社も多いでしょう。それで、無事に業績がV字回復すれば、とりあえずは一安心です。

しかし、そういった努力をしたにもかかわらず、３期連続赤字になるのは、相当危機的な状況にあります。とても**「がんばればなんとかなる」と、悠長に構えられる段階ではなく、はっきりいえば今までと同じことをやっていてはどうにもなりません。**

銀行の見る目も厳しくなり、新規の設備投資資金融資はもちろん、運転資金の借り換え融資も受けられなくなるかもしれません。そうなればキャッシュは急速に減少するので、最悪のケースではキャッシュ不足による倒産に至ります。

原因の原因を掘り下げていく

では、３期連続で赤字になってしまったらどうすればいいでしょうか。

そんな状況になるとすれば、中心事業のビジネスモデルそのもの、あるいはオペレーションプロセス全体のどこかにその赤字を作っている要因があるはずです。それは会社の内部の問題かもしれませんし、事業環境の変化かもしれません。

そこでまず、**会社の内部・外部の環境をすべて見直し、全業務の棚卸し、総点検をします。そして、赤字を生み出している原因を徹底的に掘り起こして特定します。**

もちろん、赤字を生み出している原因が、わかりやすい１つの要素とは限りません。複数の要素が絡み合っていることも多く、また表面的な原因の奥に「原因の原因」が隠されていることが大半です。それらをすべて分析して、クリアにして対応策を講じていきます。

例えば、工場長が「優秀な工員が2名も辞めてしまってから業務効率が落ちたし、歩留まりが悪化した。それが赤字の原因だから、優秀な人材を採用してほしい」といったとします。それは赤字原因を特定しているようですが、実は本当の原因、つまり「原因の原因」が考えられていません。この場合、さらに一歩突き詰めて「なぜ優秀な工員が同時期に2名も辞めてしまったのか」を考える必要があります。

すると、実は新しい工場長のパワハラ体質が本当の原因だったとか、新しく機械を導入した際に、時間をかけてしっかり導入教育をしていなかったことが原因だった、というような「原因の原因」が判明します。トヨタ生産方式で行われる「5回のなぜ」などの「なぜなぜ分析」を聞いたことがある人も多いでしょう。これは、「5回」という回数が重要なのではありません。**表面的な原因の奥に隠れた本当の原因にたどり着くまで、「なぜ」を繰り返すことが大切なのです。**

管理職のパワハラがあったとか、教育に不備があったというような話は、当の管理者自身から「私のパワハラが原因です」「教育を十分していませんでした」とは、なかなかいい出せません。そのため、**業務現場に起因する赤字原因の分析や検討は、社長を中心に、できるだけ多くの、理想をいえば全社員が参加して行うべきものです。**そしてこれをビジネスの上流から下流まで、本部、本店、支店など、すべての部門、部署に対して行います。

一方、事業方針の誤り、ビジネスモデルの陳腐化、事業環境の変化など、**経営方針全体にかかわるような問題が赤字の原因だと推定される場合は、社長を中心とした経営幹部層が検討しなければなりません。**

根本原因は1つとは限りませんが、それらを特定できたら、あとは不退転の決意で社長が社員全員をリードして、改革していきます。そうすれば、1年後、2年後には、V字回復も夢ではないでしょう。

なお、管理職やチームリーダーに原因がある場合、そういう人たちは赤字を改革しようとする際に、いわゆる「抵抗勢力」として、既存のやり方などを維持しようとする傾向があります。そのような場合に、気の弱い社長だと赤字の原因がわかっていながら結局取り除くことができないケースもあります。それは経営者としての責務の放棄です。断固たる決意で、赤字の原因を取り除き、業務改革、組織改革を推進しなければなりません。

やってはいけない

18 社長が目の前のテーマに必死で取り組む

社長にしかできない長期的な視野での業務改善や組織改善に取り組む

経営者に必要な3つの視点、「鳥の目、虫の目、魚の目」という言葉を聞いたことがあるでしょうか。

鳥の目とは大所高所から経営全体を俯瞰し、長期的な視野に立って物事を判断することです。

虫の目とは、細かいところに小さな不備がないか、現場に這《は》いつくばってチェックして発見する視点です。

そして魚の目とは、今、世の中の時流がどう動いているのか、その流れを察知して、流れに乗って進んでいくための視点です。

社長は、この3つの視点をすべて持ち、臨機応変に切り替えながら社内外を見て経営判断を下していかなければなりません。

ところが、**中小企業の社長によくあるのが、虫の目ばかりが発達してしまうことです。**

どんな会社も日々さまざまな問題が発生し、それを解決していかなければ経営は成り立ちません。

例えば、「既存商品の売れ行き低下」「原材料の値上げ」「顧客からのクレーム」「発注のミス」「経理数字の間違い」「社員同士の人間関係トラブル」……。この目先の問題に必死になって取り組み、それを解決していくのが虫の目です。しかしそれだけだと、1つの問題が解決すれば、また次の問題が発生して対応しなければならない「モグラ叩きゲーム」状態になり、社長が常に目先のことに追われることになってしまいます。

ポイントとなるのは、その仕事が社長でなければできない仕事なのかという点です。

例えば、「会社が将来どのような姿になっているのかビジョンを描くこと」「そのビジョンに向けた長期計画を立てること」「長期計画を中期計画、短期計画と落とし込んでいくこと」「その計画実現のための戦略を考えること」。これらは社長が鳥の目を持って行うべきことであり、社員の知恵を借りることはあるとしても、最終的には社長が決断すべきことです。

一方、**日々目の前に現れるテーマは必ずしも社長ではなくても、対応できることが大半**

を占めます。それなら、それらのテーマは社長以外の人間が担って、社長は社長にしかできない仕事をすべきでしょう。

鳥の目と虫の目の両方必要

ただし、**目先に同じような解決するべきテーマが次々と現れるようなとき、社長は、その原因や原因の原因を根本的に考えて、そもそもそのような問題が発生しないような仕組みを考えなくてはなりません。**これは本章でも何回か述べました。

例えば、店舗での販売員の対応について顧客からのクレームが続いたとします。その場合には、なぜクレームが生じるのかという原因や、その原因の原因を分析しなければなりません。販売員の対応が悪いというのは根本原因ではありません。

なぜ販売員の態度が悪くなるのかを調べた結果、店長を選ぶ際に、過去の販売実績だけを選考要素としており、部下への指導の仕方をチェック項目にしていないことが判明したとします。それならば部下への接し方を含めて、もう一度全店の店長の適性をチェックし直したりします。

こうして、社長がクレームの根本原因を絶つ仕組み作り、すなわち**業務改善や組織改善**

を実行し、長期的な目標への推進速度を上げていくのです。

もちろん的外れではない効果的な業務改善や組織改善を実行するためには、大所高所から俯瞰する鳥の目だけではなく、虫の目も必要です。

例えば、経理業務でミスが多かったり、月次決算の提出が遅れたりするという問題があるとします。その改善を図ろうとするとき、社長自身が経理業務の「け」の字も知らなければ、経理担当者に問題点の洗い出しや改善提案を依頼するしかありません。その経理担当社員が有能で誠実な人物であれば、適切な問題の洗い出しや改善提案がなされるでしょうが、そうとは限りません。自分が楽をしたいために、「これくらい、普通ですよ」といって、問題があること自体を認めない恐れもあります。

そのため、会社がまだ小さいうちは、社長はもともとの専門である営業や製造の業務だけではなく、経理や総務、倉庫や配送の仕事も自ら担当して、理解しておくほうがいいのです。

すべての現場を把握して、それに基づきながら長期的視野に立った業務改善や組織改革を実現できれば、確実に理想の経営に近づいていけます。

やってはいけない

19 社長発の目標に向けて旗を振る

目指すゴールは人生の理想像

私は、子どもの頃にアメリカ映画で見た豊かで幸せそうな家族の暮らしに憧れ、いつか自分もあんな生活をしてみたいと夢を持ち、その夢を実現しようと会社経営の道に進みました。私の目標は、自分や家族が豊かで幸せな暮らしを実現すること、そして、社員やその家族にも同じように豊かで幸せな暮らしを実現してもらうことです。

皆さんはいかがでしょうか？　実現したい人生の夢や、人生のゴールの姿が描けているでしょうか。**会社経営はあなたの人生の一部です。ぜひ、人生の成功の姿を描き、そこから逆算して経営の理想像を描いてください。**

さて、「売上高100億円を目指す」「社員数100名を目指す」「全国47都道府県の制覇を目指す」など、指標となる数字や外形的な拡大を、経営目標として掲げる社長は多いものです。それ自体は必ずしも悪いことではありません。こういった目標は、社内外の誰にでもわかりやすい「旗」となりますし、達成状況も測りやすいからです。今は６割まで達成した、次は7割を目指そう、と仕事のモチベーションともなります。

さらに、全国制覇や株式上場などをすれば、業界内や広く世間一般でも有名になりますから、それを実現した社長の自尊心は大いに満たされるでしょう。

しかし、全国制覇を実現したときが会社の成長のピークとなって、その後急速に業績が失速していく企業は少なくありません。そのまま倒産してしまった企業もいくつもあります。

その理由として挙げられるのは、**目標達成のために無理をしてしまうということです。**

売上高１００億円が目標で今90億円だとか、全国47都道府県進出が目標で、今40都道府県まで進出したとなれば、社長の心理としてはどうしても、あともう少しだからなんとか達成しようと、無理をしてでも実現を目指すことになります。その無理が社長だけのことならいいのですが、当然ながら社員にも多少なりとも強いることになります。

問題は、その目標や夢の実現が社長発であり、社長の幸せのためだけに設けられたものである場合です。

社員にしてみれば、売上80億円が１００億円になっても、40都道府県進出が47都道府県進出になっても、それ自体が特に嬉しいわけでも、自分や家族が幸せになるわけでもありません。それなのに、社長からは「あと少しで目標達成だ。みんながんばれ」と尻を叩かれて、**無理して働かされ続ければ、いざ目標が達成されたとき、「やれやれ」と、気が抜けてしまい、それまでのように必死に働くことができなくなってしまいます。**また、場合によっては、一時的に業績を伸ばすために、お客様の都合も考えずに無理な営業や販売活動で売りつけるような行為に走ってしまうこともあり得ます。

そんなことから、目標数字を達成後、右肩下がりで業績が低迷する会社が多いのです。

社員発、お客様発の視点で目標を立てる

大切なことは、社長が描く夢や目標が、社長自身の自己実現のためだけのものであってはならないという点です。**自分が満足することと同様に、社員やその家族が喜んでハッピーになるため、さらにはお客様の喜ぶ笑顔を見るために、夢や目標を設定しましょう。**

「売上高1000億円になれば、社員みんなの給料も上がる」「休みもたくさんとれるようになり、家族と過ごす時間が増えて、家族が喜ぶ」「全国に我が社の店舗があれば、全国のお客様に迅速なサービスが届けられ、喜んでもらえる」といった、社員発、お客様発

の視点から、目標を考えます。

そして、それを社員全員に、またお客様とも共有し、理解してもらうことで、夢の実現が単なる社長の自己満足に終わらない、深い意義を持った理念となるのです。そう考えれば、社員を犠牲にして疲弊させたり、お客様に迷惑をかけてまで目標を達成しようとしたりするという本末転倒な事態は生じないはずです。また、そこへの到達に成功したからといって満足してしまい、あとは下降の道をたどるようなこともなくなるはずです。

今の姿は、夢へと向かう途中形なのです。

無理をせず淡々と進み、１つの成功地点に到達したら、また次の成功地点を目指していきます。そして、その成功ポイントをクリアするたびに、社員がより幸せでより豊かになっていることが、その後も成長を持続していく上で大切な点です。

売上が10億円のときよりも50億円のとき、50億円のときよりも１００億円のときのほうが、給料が良く、残業が減って、休みが増え、それぞれの個性に合った充実した仕事ができて、笑顔で働けるようになっていなければいけません。社員とお客様の幸せを増大させながら、人生の理想を目指すのが経営の道のりであって、売上高や出店数などは、どこまで進んだかを測る目安にすぎないのです。

第3章

人事・賃金編

やってはいけない

20 人件費削減のためにパートを大幅に増やす

パート社員を単なる安い労働力として捉えるのはもったいない

多くの会社で、パート社員を雇っています。しかし、パート雇用の目的を、単に「人件費の抑制、変動費化」としている会社が多いのではないでしょうか？

もちろん、人件費の抑制や変動費化を考えること自体は、間違っていません。固定費を圧縮して経営を筋肉質にしておくことは、ある程度必要なことです。しかしその一方で、必要な人材が不足すれば、そもそも成長の土台が成り立たないことも事実です。そこでパート社員も、正社員との違いがあることを認識しながら、重要な戦力として活用していかなければなりません。

一般的には、フルタイムで働く人が正規雇用（正社員）、パートタイムで働く人が非正規雇用と呼ばれます。そして、正社員が中心的で重要な業務を任され、パート社員は、重要度が低い補助的な仕事を担うという役割分担がなされていることが多いでしょう。

すると、パート社員の仕事に対する意識は、どうしても「時間の切り売り」で、いわれたことだけをしていればいいといった具合になってしまいがちです。

しかし、**パート勤務を希望する人には、能力も意欲も高いけれど、フルタイムで働くことが難しい事情を抱えているためにパートという働き方を選ばざるを得ない人も少なくありません。**

小さな子どもや介護が必要な家族がいるために、長い時間家にいなければならないというのが、代表的な事情です。また、心身の障害や病気、あるいは高齢などの理由で長時間の勤務が難しいという人もいるでしょう。いずれにしても、パートでの勤務を希望しているからといって、元来その人が持っている、仕事に対する意欲や能力が低いと決めつけられるものではないということです。実際、私の社長時代にも、パート社員に驚くほど優秀な人が何人もいました。

そういった人たちを、**「時間はパート、能力はフル」だと考えて、うまく力を発揮できるような仕組みを用意できるか否かが、社長の腕の見せ所です。**

パート社員の特性を踏まえながら、高度な戦力として活用する

私が、はじめて高度な能力を持つ人材をパートとして採用したのは、まだ家電販売店が

数店舗だった頃に、新規事業としてミニハウス販売に取り組んだときのことです。

ミニハウスとは、家の敷地の片隅に建てられる小型のプレハブ小屋で、子どもの勉強部屋や、仕事部屋などとして利用できます。大卒の初任給が10万円に満たない時代に、このミニハウスは1棟100万円の高額商品であるにもかかわらず、年間100棟も売れるヒット商品になりました。また、ミニハウスが売れれば、そこで使う冷蔵庫やテレビ、エアコンなど、本業の家電商品も一緒に売れるところがミソです。この事業が当たったことで我が社は大躍進しました。

そのときに活躍してもらったのが、パートで採用した一級建築士です。その人は、60代で定年退職後でしたが、まだ短時間の仕事をしたいという意欲を持っていました。そこで、2~3時間のパートとして採用して、ミニハウス販売に協力してもらいました。当時の私たちのような知名度もない電器店が一級建築士を採用しようとしても応募者がきません。そこで、頭を働かせて単に「一級建築士募集」としたのではなく、「60歳以上限定」としたことで現役世代ではない人たちを振り向かせたことが採用できたポイントでした。

私たちは、「一級建築士のいる店」という看板を掲げることで、お客様からの信用を得ることができ、それが右で述べた年間100棟もの販売実績につながったのです。

他にも、家電販売店の店舗で、働く時間はフルタイムより短いものの、部門の責任者を任せて「パート正社員」として働いてもらった人たちもいました。働く時間はフレキシブルに対応しますが、「この売り場はあなたに任せる」といって、**正社員と同じ責任で働いてもらいます。もちろん、実績に応じてしっかり昇給させますし、ボーナスも出します。**また、成績優秀な社員には海外旅行をさせる報奨制度を用意していましたが、これをパート社員にも適用し、成績上位のパート社員にはカリブ海クルーズ10日間の旅をプレゼントして、大変喜ばれたりもしました。

そういう**パート正社員たちが、フルタイムの正社員に負けない販売実績をあげ、店の業績向上に貢献してくれました。**パートは補助的な仕事と決めつけていたら、その人たちの力は発揮できず、店舗の業績もそこまで伸びなかったはずです。

会社の業績を引き上げるのは人を生かす制度や仕組みであり、その制度や仕組みを作ること、さらには制度を生きたものにするため、社員に伴走しながらエネルギーを注入していくことが社長の仕事なのです。

やっては
いけない

21

高い成果をあげた社員を早く出世させて昇給させる

いったん昇進や昇給をさせてしまうと、その後引き下げることは困難になる

塾生の会社でこんなことがありました。

事務機器を販売している老舗の会社で、若杉さんという28歳の社員がはじめて年間トップセールスの座を獲得しました。彼はずっと売上が伸びず悩んでいたのですが、誰よりも早く出社し、誰よりも遅くまで外回りをするなど必死に努力してトップセールスに昇りつめたのです。

その努力を見ていた社長は「よくやった」と大いに褒めて、それまで営業部の主任だったのを、課長に取り立てました。28歳で課長に昇進したのは最短記録です。また、給料も課長手当を含めて30％ほど引き上げました。

若杉さんは得意満面でしたが、その頃から以前のような努力が見られなくなり、営業成績も緩やかに落ちはじめていきました。それからの2年間は、若杉さんの1年先輩で主任のままだった田村さんが連続でトップとなり、若杉さんは3位、4位と、低迷していきま

した。

社長は困りました。２年もトップの成績をあげた田村さんを主任のままにしておくわけにはいきません。そこで内々に、若杉さんを課長補佐にして、田村さんを課長にすることを若杉さんに伝えました。すると数週間後、若杉さんは辞表を提出して退社してしまいます。そして、地域のライバル会社であった事務機器販売会社の某社に転職してしまったのです。若杉さんが抱えていた顧客も、多くはそのままライバル会社の顧客になり、業績は大きく落ち込んでしまいました。

心を込めて感謝して褒めることが何よりも大切

社員が懸命に努力し、好調な仕事ぶりで高い成績をあげているのを見ると、社長も嬉しくなるものです。

「あいつ、最近よくがんばっているな。昇進させて役職をつけてやろうか」

そのように、がんばっていい成績をあげている社員に、なんらかの形で報いたい、それによってこれからも一層励んでもらいたいと願う社長の気持ち自体は、素晴らしいものです。ただし、そのやり方を間違えないように気をつけねばなりません。特に、昇進や昇給については、一度立ち止まって冷静に判断しましょう。

会社というのは、20年、30年後に達成するべきビジョンや理想を実現するために、長期計画に基づいて成長していくべきものです。来年や再来年だけのことだけを考えるわけにはいきません。長い期間には、業績が良いときもあれば悪いときもあり、そのときの状態に応じて投資や経費も計画的に調整していく必要があります。会社経営は、「常に途中形」であることを忘れてはいけません。

そして、業績の波があり常に途中形というのは、社員の個々人も同じです。今期トップの成績をあげた人が、来期も同じように成績を伸ばしていけるとは限りません。というより、多くの場合、トップをとってからしばらくすると成績が落ちていくものです。人はトップギアのまま走り続けることはできず、ギアを落とすときもあれば、徐行してしまうときもあるのが普通です。

一度昇進や昇給をさせてしまったら、あとからそれを引き下げることは非常に困難です。役職につかせた者からその役職を奪えば、モチベーションが大きく下がることは当然です。事例企業のように、せっかくの優秀な社員が退職してしまうケースもあるでしょう。

また、降職や降格人事、あるいは単なる減給でも、労働者にとって不利益な変更となるため、十分な説明が必要です。それを踏まえると、安易に昇進や昇給をさせることは考えものです。

では、高い成果をあげた社員に、会社はどのようにして報いればいいのでしょうか。

まず基本は、心から褒めて感謝の言葉をしっかりと伝えることです。「年間MVP」などの表彰制度を設けて、全員の前で表彰するのもいいでしょう。まずは**社長の気持ちを、きちんと言葉や形にして伝えることが非常に重要です。**

また実利的なメリットを与えるには、特別ボーナスを支給する方法がいいでしょう。日本企業では、通常のボーナスは生活給的な性質になってしまっているため、簡単に減額できません。そこで通常のボーナスにさらに上乗せする形で特別ボーナスを支給します。これなら、成績が落ちたときに減額されても納得が得られ、むしろ奮起を促します。

「成功している時期は、次の失敗への助走期間」かもしれないと考えて、謙虚かつ誠実に社員に報いていきましょう。

やってはいけない

22 優秀な学生を採用する

どこから見ても優秀な学生は、優良な企業に流れる

中小企業の人材採用では、上場企業に集まるようなどこから見てもピカピカ光っている優秀な人材が応募してくることは少ないし、仮に応募があっても入社する可能性は低いでしょう。社員100名以上の規模となり、毎年新卒者を定期採用するようになると、有名大学から成績優秀な学生も応募してくるようになります。

私の会社が急成長をしていた時代、毎年約30人を目標として新卒の定期採用をはじめました。私があちこちの専門学校や大学に行って講演をしたり、いろいろな方法で学生にアプローチをしたりすると、だんだん面接に多くの学生が集まるようになってきたのです。

採用担当の幹部たちは大喜びです。優秀な学生を何人かピックアップして「社長、絶対この子たちを採ってください」といってきます。

しかし、私は首を横に振りました。幹部は「どうしてですか。内定を出してくださいよ」

と食い下がるので、仕方なく内定を出しました。しかし、12月くらいになると、その学生たちから「すみませんが、○○銀行に内定をもらったので」「××商社に行くことにしました」などと連絡が入るようになり、結局1人もきません。

採用担当社員に「だからいっただろう。無駄なことをしたな」と伝えました。

ただし成績が優秀でも、たまたま応募した企業の採用基準には合わなかったという学生もいます。私はそんな大企業の採用で落ちた学生を、積極的に採用するようにしていきました。

そして、彼・彼女たちが、その後、会社の屋台骨を支えていくことになります。

宝石の〝原石〟を磨き上げられるかは、社長の努力にかかっている

中小企業の採用に応募してくる人には、学校の成績が悪かったり、自信を喪失しているような人もいます。光る部分があまり感じられない応募者も多いでしょう。すべてにおいて80点以上の優等生はいませんから、「ここは見所がある」「ここを磨けば光るだろう」と思える、**良くいえば個性のある、悪くいえば少しクセの強いタイプを採用します。**

例えば、コンピューターに強い人や、商業高校卒の経理が特別に好きで、その勉強ばかりしてきたという人です。そういう人は、得意なことが生かせる、うまくはまる業務を与えてあげると、高い能力を発揮するものです。

ただし、その反面で、他の社員と軋轢を起こしたり、ときには社長に対してさえも非常識な態度を示したりすることがあります。

しかしそのようなときこそ、社長自身の力が試されているのです。**個性ある人の「ここは90点、だけどここは40点」とわかったら、その40点の部分をいかに底上げしていくかということです。**

例えば、ちょっとお茶でも飲もうと誘って「この前、聞いたけど、部長にこんなことをいったらしいな。それはダメだろう。そういうときは、『すみません』というものだよ」などと具体的に指導していきます。それも一度や二度ではなく、ことあるごとに何度でも根気よく繰り返します。決して個性をつぶすのではなく、良い面は伸ばしてもらいながら、会社の中でうまくやっていくために短所を正すよう、励まして応援していくのです。

そのうちに本人も、社長は自分を応援して、育てようとしてくれていると必ず気づきます。そして、その意気に感じて自ら変わっていくのです。

これには長い時間も手間もかかりますから、何より社長の覚悟が問われますが、強く伸び続ける会社にしようと思うなら欠かせない努力です。

「人は石垣」といわれることがあります。つるつるで角のない石だけでは、強い石垣にはなりません。角やへコみがある、でこぼこした石同士をうまく組み合わせることで、強い石垣を作れるのです。

会社組織も同じで、何をやらせても平均的に70点で、似たようなタイプの社員ばかりでは、環境変化があるときに、どうしても弱くなりがちです。

頭がいい人がいれば、体力のある人もいる。理系もいれば文系もいる。強気な性格がいれば何事にも慎重な人もいる。そういう**さまざまな個性を持つ人材が集まると、世の中の変化に対応できる強い組織になります。**

ただし、バラエティに富む人材をチームとしてまとめ上げるには、社長の懐の深さ、器の大きさ、そして人材育成への覚悟が絶対に必要です。そういう社長になれるよう、まずは社長が自分自身を磨かなければなりません。

やってはいけない

23 社員が退職したら、すぐ補充人材を採用する

補充の前に社内改善を実施する

社員が辞めてしまうのは、社長にとってとても辛いことです。しかしその反面、会社を強くする絶好のチャンスにもなります。

まず、退職者が出たとき、反射的にすぐ人員を補充するという考え方を改めましょう。採用募集を出す前に、次の2つの取り組みを実施してください。

1つ目は、退職者が抜けた穴を残りの人員でカバーするための、業務改善です。

店舗でも製造工場でもいいですが、例えば、それまで10人が働いていた現場で、ある社員が辞めて、残り9人になったとします。

そのときは、まず辞めた人がどんな仕事をしていたのかを洗い出します。そして、その業務プロセス自体を、他の人の類似業務と合体させたり、より簡便な方法に置き換えたり、あるいは完全に省いたりすることができないかを考えます。つまり、**業務プロセスやオペ**

レーションを見直して改善することで、生産性の向上が図れないかを検討するのです。

２人でやっていた業務を１人で担当することは厳しいかもしれません。しかし、10人の現場で１人が辞めたあと、９人で回すようにするのであれば意外とできるものです。これが成功すれば、およそ10％の生産性向上になります。

ただし、残った人たちの業務負担が単に増えるだけでは、今度はそちらに不満が溜まります。そこで、**辞めた人に払っていた給与分（あるいは生産性向上分）の何割かは、残りの人たちに手当や特別ボーナスとして支給します。**そうすれば、社員は喜んで協力してくれます。

もともと比較的負担が軽い業務を担当していて余力のあった人が、辞めた人の仕事を負担するようになれば、評価も上がるため、大喜びします。

事業環境は常に変化していきますから、それに合わせて業務プロセスやオペレーションも、変化させていかなければなりません。定期的に、業務プロセスを総棚卸しして、組織体制（組織図）や、各自の役割・業務分担、権限などを見直し、再配置して最適化していくことが常に必要です。でも、平時にはついつい後回しにしてしまいがちな作業でもあります。ただ、退職者が出たときには、いやでもこれを実行しなければならないので、社内改善の絶好のチャンスになるというわけです。

「退職者が出たからすぐに補充しよう」という安直な発想は、せっかくのチャンスをみすみす逃していることになります。

辞めた理由を徹底的に調べることで職場環境が良くなる

退職者が出たときにもう1つ取り組まなければならないのは、退職原因の検討です。

もちろん、職場にはなんの不満もないけれど、家庭の事情や病気などにより働けなくなって退職するということもあります。しかし大半は、職場に不満があって転職目的で退職をするケースです。

そこで、**職場への不満による退職を完全に防ぐことは不可能ですが、なるべくそれを減らすために、不満の理由を推察・検討し、改善すべき点があれば改善します。**

例えば、以下のような理由が代表的な、職場に起因する退職要因です。

① 上司の指導力や熱意の不足。直属上司以外に相談できるコーチャーの不在

②過重な業務、長時間業務の押しつけ
③チームワークの不足、人間関係のトラブル
④業務マニュアルや作業器具などの不備
⑤採用時や配属時のミスマッチ
⑥評価制度の不備による不満や低賃金

同じ現場の社員を集めて、こういった要因がなかったかを徹底的に話し合う検討会を開催します。そして、推定できる原因があったら、今後、同じ原因による退職者を出さないために、改善を図っていくのです。

可能であれば、退職した社員に直接、意見を聞くといいでしょう。在職中の社員からは決して聞けない、(良い意味でも、悪い意味でも)驚くような話を聞かせてくれることがよくあり、業務改善に大いに役立ちます。まさに、「辞めた社員は金」なのです。

このように、退職者が出たとき、社長はただそれを嘆いているのではなく、〝神様がくれたビッグチャンス〟だと捉えて、社内改善に取り組んでいくべきです。

やっては
いけない

24 くる者は拒まず、去る者は追わず

去る者を徹底的に追うことが、社長の器を大きくする

「辞めたいという社員には辞めてもらって結構。くる者は拒まず去る者は追わず」といったことを公言する社長は、意外と多いものです。そんな風にいうと、超然と構えている大人物のように見えてかっこよく感じられます。しかし、会社を成長させていきたいのなら、そんな態度をとることは厳禁です。

「社員の指導や育成は、自分は苦手だしやりたくない。だから少人数構成のままで、すべて自分の目が届き、自分で作業ができる範囲の業務に絞ったままの会社でいく。会社の規模の成長は目指さない」という方針の社長もいるでしょう。そういう方針であるなら「去る者は追わず」といっていても、なんら問題ありません。また、ほうっておいても優秀な就職希望者が何もしなくても集まってくる大企業も、それでいいでしょう。

しかし、**今は小さくても、いずれは会社を大きく成長させたいという夢を追うのであれば、去る者を追いかけて引き留めなければなりません。さらに、いったん去っていった者**

も改めて迎え入れられるように心を開いておくことも必要です。

辞めたいという社員がいるなら、その人にしっかりと向き合いながら、辞めたい理由を丁寧に聞き出します。会社の仕事が自分には合わない、給与や待遇に不満がある、家族や家庭の事情など、さまざまな理由があるでしょう。その理由の中に、会社を改善するヒントが含まれていることも多々あります。

もし業務や組織の問題を指摘されたら、「教えてくれてありがとう。君のいった通りだから、ぜひ改善していきたい。だからもうちょっとがんばってもらえないか」と慰留します。

あるいは、すぐには改善できない給与や待遇に対する不満だとしても、ではどんな働き方でどれくらいの給与を望むのかを聞き出した上で、君ならこれだけの仕事ができるはずだ、それができればこれだけの給与を出そうといって昇給を約束します。

さらに、退職理由が個人的な理由であったとしても、会社としてどうにか対応できないかを考えましょう。例えば、親の介護をしなければならないという理由なら、出社時間をフレキシブルにするとか、在宅勤務ができないかを検討するという具合です。

このように、社長が社員の心に寄り添い、プライベートなことも含めて耳を傾けて、できる限りの対応をとることで、社員は「私のことをここまで理解して、対応してくれるなんて」と感激し、今まで以上の高いモチベーションで働くように「化ける」ことも珍しくありません。そのように**社員を化けさせることができるのが、まさに社長の実力なのです。**

去る者を追わないといって何もしないのは、誰にでもできる簡単なことです。しかし、人によって異なるさまざまな事情に寄り添いながら引き留めて、場合によっては優秀な社員に大化けさせるというのは、非常に手間がかかる面倒なことです。ときに裏切られることもあるでしょう。しかし、**失意や失敗も含めて多くの経験を積み、それを糧にしながら、自ら社長としての器を大きくしていこうという、ぶれない心構えを持つことが必要であり、そこから逃げていては社長自身も会社も成長は望めません。**

社長が心を開いていれば、退職した優秀な社員が戻ってくることも

丁寧に話をしても、やはり辞めるという社員も多いでしょう。そのときも冷たい態度で追い出すようなことは絶対にしてはなりません。逆に「戻ってきたくなったら、またいつでも戻ってきなさい」と、心を開いておくことが大切です。

私が社長のとき、親がある事業をはじめるので、その手伝いをしなければならなくなった、といって退社した社員がいました。よく話を聞くと、実は本人は辞めたくないが、親にどうしても自分の仕事を手伝えといわれたので、仕方なく辞めるといいます。

私は親御さんにお会いして、その社員がいかに将来有望かを説明して翻意を促しましたが、親御さんの考えは変わらず、逆にあなたの会社には将来性がないなどと批判されました。

いよいよその社員が退職するとき、私は、はなむけとして親御さんの事業に役立ちそうな本を何冊かプレゼントして「成功を祈っているよ」と伝えました。

そして、それから3、4年後、そのご家庭の事業は残念ながら失敗に終わり廃業することになったのですが、そのときに親御さんは「大坂社長はすごい人物だ。土下座してでも、またあの会社に入れてもらえ」といったそうです。自分が冷たくあしらったにもかかわらず、事業に役立ちそうな本をプレゼントされたことで、大層感心していたということでした。それを狙っていたわけではありませんが、結果として優秀な社員が戻ってくる「仕掛け」となったのです。

退職した人も、いつ事情が変わるかわかりません。将来を見越して、常に心をオープンにしておけることも、社長の力なのです。

やってはいけない

25 みなし残業代制を導入して、残業代を抑える

みなし残業代制とは？

中小企業では、実質の残業時間にかかわらず、残業代は一律○万円としている会社がよくあります。これは、「みなし残業代」あるいは「固定残業代」と呼ばれる制度です。この制度自体は正しく運用すればもちろん合法ですが、適正な運用をしなければ違法状態になることがあります。

また、会社にとってメリットもありますが、デメリットもあります。そのため、みなし残業代制がベストで、そうしておけば安心だとしか考えていない社長は、安直であって、思慮が足りないといわざるを得ません。

まず、みなし残業代制の基本を確認しておきます。

これは、**あらかじめ定額の残業代が定められ、固定給の中に含まれている労働契約です。**

ちなみに、直行・直帰が多い外回りの営業社員などに用いられることが多い「みなし労働

時間制」とは異なる制度なので、混同しないように注意してください。

みなし残業代制は、例えば月に30時間など、毎月一定の残業をしたものとみなして、その分の残業代を固定費で支払う制度です。

なお、この残業代の計算は１２５％（休日・深夜労働の場合、１３５％または１５０％）の割り増し賃金で計算する必要があります。また、みなし残業時間は原則として、36協定による残業時間の上限である、月45時間が上限となります。

会社にとっては、毎月、社員各自の残業時間に基づいて残業代を計算して支給するという、経理作業の手間が大幅に省けることになるのがメリットです。また、年間を通した総人件費の見通しをつけやすくなり、経営計画や資金繰り計画を立てやすくなります。

社員にとっては、残業量によって毎月の給与額が変動することがなくなり、収入見込みが安定することはメリットになるでしょう。もちろん、みなし残業時間よりも、実際に残業をした実残業時間が短ければ、その差額の分、得になるメリットもあります。

他方、**会社にとってのデメリットは、実際の残業がほとんどないような時期でも、残業代を払うことになる点です。**また、社長や社員がみなし残業代の趣旨を誤解していると、サービス残業や長時間残業が横行するという点も、デメリットになるでしょう。

しかしもっとも大きな問題は、多くの企業で実残業時間がみなし残業時間を上回っているのにもかかわらず、固定残業代しか支払われていない状況が蔓延していることです。

本来支払うべき実残業分を支払っていないことで生じる問題

ほとんどの社長が誤解している、あるいは、理解しているのに無視しているのは、みなし残業代は「いくら残業をさせても、固定残業代だけを払えば済む制度ではない」という点です。例えば、みなし残業時間を月30時間としている会社で、社員の実残業時間が月40時間だったときは、みなし残業時間を超えた10時間分の残業代は、法の規定通りに割り増しで計算して支払わなければなりません。

ところが、みなし残業代を導入している中小企業のほとんどで、実残業時間がみなし残業時間を超えていても「固定残業代を払っているから」といって、超過分の残業代を支払っていません。つまり、社員からすれば、本来もらえる残業代がもらえない状態になっているのが現状です。これは違法状態です。

そして、ここが重要なポイントですが、**社員は必ず自分が残業代の「もらい損」をしていることに気づいています。**するとどう思うでしょうか？　当然ですが、「社長はずるい、ごまかしている、信用できない」と不信感が渦巻きます。

ところが、そんな社員の心情にまったく頓着せず、「みなし残業代制で、残業代が抑えられて良かった」としか思っていない社長も多いのです。これでは、社員のエンゲージメント、社長の求心力が高まるはずがありません。

このような現状があるため、みなし残業代制を導入している会社は、求職者や学生からはいわゆる「ブラック企業」とみなされることも多くなっているようです。

法律上の問題はいったん脇に置くとすれば、社員の不信を招き、エンゲージメントを低下させるという点が、みなし残業代制導入の最大の問題点だといえるでしょう。


そこで、**もしみなし残業代制を導入している、あるいはこれから導入しようとするなら、社長は社員に対して「今の会社の状況では、残業代は固定とせざるを得ません。しかし、業績が安定したときには必ずその点は改善しますから、皆さんどうかご協力ください」など と頭を下げるのです。正直かつ丁寧に会社の現状を説明しながら協力を要請するべきです。**

決して「我が社はこういう制度です」と一方的に押しつけるのではなく、社員の心情に配慮しながら協力を要請することが、労使トラブルの防止にもつながります。

やっては
いけない

26

人件費を減らして利益を増やす

業務の質を分析して把握することが大前提

利益が低迷している中小企業でよく見られるのが、経費を削減して、手っ取り早く利益を増やそうとする動きです。

業種にもよりますが、大半の企業では人件費が経費の多くを占めています。そこで、総人件費の削減が図られるわけですが、基本給を引き下げることは簡単ではありません。ではボーナスはどうかといえば、日本企業ではボーナスが実質上生活給として捉えられていることが多いので、その引き下げも社員から強い反発を招きます。

そこで、労務管理を徹底して正社員の残業時間や、パートやアルバイトの勤務時間を減らすことで総労働時間を削減し、人件費削減を図ることがよくあります。しかし、労働時間という「量」だけに着目してこれを減らそうというのは、あまり良い方法ではありません。

最初にやるべきことは、業務の「質」に着目して、質的な無駄を減らすことです。

例えば、ある業務に60分の時間をかけていたところを、社員にはっぱをかけてその業務を30分でやらせれば、確かに労働時間は減って費用削減になります。しかし同じ仕事量を半分の時間でやらされれば社員の疲労度は増します。

それよりも、そもそもその作業を省くことができないかを考えるべきなのです。それは例えば、オペレーションの短縮、２つの作業を統合する、重複する内容のものを省く、といったことによります。何が無駄で何が省けるものなのか、どのようにして業務を効率化すればいいかという部分を察知するもの社長の力量です。

しかし、それがまったくわからないという場合は、業務効率化に関してさまざまな手法が考案・提唱されているので、それらを勉強してみるといいでしょう。

例えば、生産現場で用いられる工程管理技術であるＩＥ（Industrial Engineering）や、製品・サービスの価値を高める手法として広く用いられているＶＥ（Value Engineering）などの基本的な業務改善手法の考え方を学ぶことも役立ちます。

15～30分刻みでレイバースケジューリングを実施する

レイバースケジューリング（稼働計画）は、無駄な働き方を削減する手法です。

まず、社員一人ひとりについて、1日の勤務時間を15～30分単位で区切って、どんな作業をしているのかを1週間分、毎日記録します。その単位時間あたりの作業を、本質的に必要な作業と、重複や無駄のある作業とに分解して、必要な作業だけを残します。

次にその作業単位ごとに、誰が、いつ、それをやるべきかをスケジューリングして、最適な量と質の人員を割り当てていきます。

例えば、店員への指導という業務が1日に1時間必要であれば、その業務は店長に割り当てます。また、倉庫から店舗に商品を移動する作業が午前と午後に1時間ずつ必要なのであれば、それぞれを社員やアルバイトに割り当てます。

このように、業務や作業ごとに、誰をそこに割り当てるのが最適なのかは異なっています。ところが、このようなレイバースケジューリングを行っていないと、1名でできる作業に2名が取りかかったり、逆に2名が必要なところに担当者が1名しかおらず作業に遅れが出るといったムラが出たり、店長がアルバイトでもできる仕事をして、本来店長がやるべき仕事を後回しにするといった非効率が生じてしまいます。

レイバースケジューリングによって、そういった無駄やムラを排除できます。

レイバースケジューリングの結果、業務時間が短縮化できるのであれば、そこではじめて短縮による費用削減を考えるのが順序です。

ただし、ここで注意しなければならないのは、多くの社員は残業代をあらかじめ給与の一部として見込んでいることです。

それまで毎月30時間残業をして、残業代を含めて月35万円の手取り給与をもらっていたのに、業務効率化で生産性が上がったことで残業が月10時間になって手取りが30万円になった。こういうことだと、多くの社員は「会社ばかり儲けている」と不満を抱くようになります。

そこで、業務改善により人件費が削減できたのであれば、例えば、そのうちの3割を、特別ボーナスや特別手当として社員に支給するといった形で、社員に報いる配慮も必要です。会社によっては、報酬ではなく、月に1～2回、週休3日制を導入するといったことでもいいかもしれません。

いずれにしても、協力してくれた社員への感謝を形にして示すことが大切です。

第4章

組織作り編

やっては
いけない

27 優れた業績の会社を子に承継させる

苦労を知らない後継者がトップになれば、いずれ会社を破綻に導く恐れがある

多くの中小企業では、現社長（創業者や2代目など）の子が、あとを継いで次期社長となります。そのこと自体は、なんの問題もありません。

問題となるのは、現社長があまりにも優秀で、会社の将来を案ずる気持ちが強く、業績のいい、素晴らしい会社を残すことばかり考えてしまう場合です。

一代で社員80名、売上高30億円ほどの規模にまで成長させた食品メーカーがあります。先代の社長は75歳のとき、社長の座を息子に譲って、自分は代表権を持たない会長職となりました。ところが会長職になってからも毎日出社して、会長室に朝から晩までいます。役員やマネジャー陣は、何かあると会長にお伺いを立てます。最初は社長である息子の顔を立てて、まずそちらに相談をしていたのですが、経営経験の浅い社長が出す指示はややピント外れのことが多かったのです。現社長は大学卒業後、海外留学を経て、28歳のと

きに部長待遇で入社しました。他で働いたこともないので、外の世界もよく知りません。結局、今でも会社の事実上のトップは、80歳になった会長のままです。権限を与えられない現社長は、失敗を糧にしながら成長していく機会を持てないままです。

現在、会社の業績は好調ですが、高齢の会長に万一のことがあったときに会社がどうなるのか、社内には不安の声も上がっています。

もう1つ、例を見てみましょう。

私の会社がまだ町の小さな電器店だった時代の話です。あるとき、知り合いの電器店でしばらく修行のように働かせてもらう機会がありました。

その電器店は、私の会社と同じ松下電器（現パナソニック）の「ナショナルチェーン」で10店舗を展開しており、全国の中でもトップクラスの経営だといわれていました。実際、間近で見る社長のリーダーシップは素晴らしく、全10店が集まる店長会議で示す経営方針の明確さ、各店長や現場への指導、厳格な計数管理などにおいて、中小企業社長の手本のような経営をされていました。

私は大いに学ばせてもらうとともに、その後も順調に業績を伸ばしていた同社を、期待と羨望の気持ちで注視していました。

ところが、それから数年後に、社長は病に倒れて急逝されます。後継者には、ある店舗の店長を任されていた長男がつきました。しかし、その後、同社の経営は急速に傾いていきました。先代の社長は非常に優れた経営者でしたが、本格的な後継者教育には着手していなかったのです。結局、数年後に同社は廃業してしまいました。

後継者には早くから苦労をさせることが大切

いかに優れた経営者でも、寿命ばかりはコントロールできません。

私は、あるとき自分の「命日」を設定し、そこから逆算して、会社経営はもちろん個人のやりたいことなどもそこで完結するように、長期計画を立てて実行してきました。矛盾していると感じられるかもしれませんが、いつ寿命が尽きるかわからないからこそ、無計画に目先の業務をこなすのではなく、長期計画を立てるべきなのです。会社の承継についても、社長にいつ何があるかわからない以上、今すぐに将来を見据えた承継計画を立てて実行すべきです。

その際にポイントとなるのは、**後継者となる子にはできるだけ早いうちに外の世界を見**

させて、苦労や失敗をさせることです。 成功している経営者の家に生まれ育てば、幼い頃から経済的には恵まれた生活をしていることが多い。その上、自社に勤めれば次期社長ということで、周りは気をつかい、失敗をさせないようにします。つまり、苦労知らずで育ってしまうのです。

しかし、実際に経営者なれば、経営危機などに至るピンチなど珍しくありません。そんなとき、失敗や挫折の経験が少ない経営者ほど心が折れてしまうのです。**若いときに手痛い失敗経験や挫折体験をしていれば、ピンチのときにも「なにくそ」と石にかじりついてでも苦難を乗り越えようという精神力が生まれます。**

「かわいい子には旅をさせよ」という言葉があるように、後継者を成長させ、自分が亡きあとの会社の安泰を願うのであれば、なるべく早い時期から失敗も含めた経験をさせるべきです。失敗しそうになると、つい手を差し伸べたくなりますが、ぐっとこらえてあえて失敗させるくらいの度量がなければ、優れた後継者を育成することはできません。

やっては
いけない

28 事業承継のタイミングを役員や社員に伝えない

企業の事業承継トラブルは、最悪の場合、会社の倒産に

中小企業のほとんどは、同族経営です。この同族経営において、経営上のトラブルがもっとも発生しやすいのが、事業承継のタイミングです。事業承継に際して、いわゆる**「お家騒動」と呼ばれるような経営者親族内での内紛、あるいは、経営者親族とその他の役員・社員との対立が生じて、深刻なトラブルになるケースは枚挙に暇がありません。**

事業承継トラブルは、最悪の場合、会社の倒産や廃業に結びつきますし、そうではなくても承継トラブルの表面化をきっかけに経営が傾き、業績が悪化することはよくあります。

このように非常にセンシティブなテーマなのですが、**多くの社長はぎりぎりに迫られるまで事業承継を明確に意識しないのが現実です。**意識していませんから、当然社内の役員や社員にも伝えていないということになります。

なぜ社長がぎりぎりまで事業承継について意識しないかといえば、理由は単純で、自分が死ぬことや老いてリタイアすることを考えるのが憂鬱だからです。

家族から、事業承継や相続についてどう考えているのかを尋ねられると、「俺はまだ元気だぞ。俺に死ねというのか」といって怒り出す社長が多いと聞きます。

では、高齢の社長が事業承継の考え方や、明確な後継候補について社内に伝えていないとどうなるでしょう。社長に後継候補となる子などがいない（子がいても会社は継がないことを明言している）場合には、社員の間に「高齢の社長が倒れたらうちの会社はどうなってしまうのだろう」という、素朴な不安が生じます。金融機関も同じような不安を感じるはずで、融資にも影響が出かねません。

実際、経営自体は黒字でありながら、「後継者不在」を理由にして廃業の道を選ぶ中小企業は増えています。社員や金融機関が不安に思うのも無理はありません。

また、**古参の役員、古参社員にいろいろな思惑が生じてくる場合もあります。**「社長は高齢で、最近は健康状態が思わしくない。社長の息子はまだ大学を卒業したばかりで、すぐに経営をするのは無理だ。もし社長に万一のことがあったら、俺にチャンスがあるかもしれない」といったことを、社内でナンバー2、ナンバー3と呼ばれるような古参役員、古参社員が思ったとしても不思議ではありません。

そこから、派閥を作って多数派を形成しようとする動きが生じて社内がギクシャクしたりします。また、場合によっては古参役員が結束して「社長降ろし」のような動きに結びつかないとも限りません。

経営者としての最後の大きな仕事を確実に遂行する

そのような不安や思惑が生じるのは、事業承継のスケジュールやロードマップを社内に公表していないためです。早期から事業承継の計画を立て、それを社内に公表して承認を得ることで、無用な社内の混乱を防ぐべきです。大切なのは、いつ、誰から発表するかという点です。

まず、いつという点では、社長の年齢にもよりますが、**承継予定の10年前から、10年後の承継に向けた計画を立てるのが良いと中小企業庁の「事業承継ガイドライン」などには記載されています。**後継候補者の選定、意志確認、経営者としての育成、社内外への承認、後継者の経営ビジョン策定、後継者の補佐役の育成、株式の移転など、やるべきことは山積しており、確実な承継をしようと思えば、やはり10年程度の時間を想定しておくのが理想でしょう。

また、**社長に子などの後継候補者がいない場合は、社内承継やＭ＆Ａによる第三者承継を検討しなければなりません。**

さらに、**後継候補となる子がまだ若くて、承継までに時間がかかる場合には、役員などを5年間など期間限定でワンポイントリリーフとして社長に据える必要があります。**その後、後継者への地位の委譲を確実かつスムースに実施するために、信託の仕組みを用いたり、種類株式（議決権や配当など、株主の権利が普通の株式とは異なる特別な株式）を発行したりといった方法もあります。事業承継にくわしい弁護士や司法書士など専門家を交えてスキームを構築する必要があり、やはり時間がかかります。

いずれにしても、社内で出所のわからない噂が流れたり、役員の間で思惑が生じたりしないように、社長自ら方針を公表することが大切です。

まだ若く元気なうちに、ぜひ長期人生計画を立て、その中に明確な事業承継への道筋をつけ、社内で共有しておきましょう。事業承継は社員を幸せにするための、社長としての最後の大切な仕事です。経営者人生に悔いを残すことのないようにしてください。

やってはいけない

29 ゼネラリストを増やして生産性向上を図る

兼務社員とスペシャリストとのバランスが大切

中小企業は常に人手不足です。採用広告を出しても、十分な数の応募者は集まりません。日本の生産年齢人口（15〜64歳）は今後も減少を続けるので、中小企業の人手不足は当面は解消されません。

そこで、数少ない社員で会社を動かすために、一人ひとりの社員に異なる多くの業務を担当させることは、検討に値します。

例えば、店舗で接客をする、レジを打つ、営業に出る、車を運転して商品の配達をする、といった具合になんでもやる兼務社員です。製造業の工場でいうなら、溶接もすれば、旋盤加工も組み立てもするといった多能工です。部門全体に通じているという意味では、ゼネラリストともいえます。

兼務社員が増えれば、会社全体としての業務効率化や生産性向上が可能になります。なぜなら、**全員が兼務社員になっていれば、業務ごとの繁閑の波に応じて、人員をいつでも**

忙しい業務に配置できるためです。つまり、社員の手待ち時間が最小になります。この全体最適化によって、生産性が向上できるというわけです。特に、会社の規模が小さいうちは、社員がさまざまな業務を兼務することで、生産性は大きく向上します。

しかし、理屈の上ではそうであっても、現実にはなかなかその理想通りにはなりません。人間にはどうしても得意なこと、不得意なことがあり、得意な仕事なら10の力を発揮できても、不得意な仕事では3の力しか出せないといった具合になるのが普通だからです。

仕事なのだから、全部の業務で少なくとも8の力を発揮しろといっても、無理なことは無理。それをゴリ押ししたら社員のモチベーションは下がるだけです。

したがって、**兼務社員を育てることは必要ですが、基本的にはすべての業務で10の力は発揮できないということを前提としておくべきです。**

また、全員を兼務社員とするのではなく、一方では、**常にその業務で10の力を発揮できる、業務に精通したスペシャリストを育成しておくことも大切です。**

スペシャリストは、その業務に関しては独自のノウハウを開発することができ、業務効率性向上に貢献してくれますし、他の人に指導することもできるようになります。

例えば、新店舗を出店するときには、そこで新しく店長、レジ担当、接客担当、仕入れ担当などをそれぞれ育てなければなりません。その際に、それぞれの業務のスペシャリストを配置して部下を育成させれば、短期間でその部下たちに業務を任せられるようになります。

つまり、会社が横展開で規模を拡大していく上では、スペシャリストの存在が非常に重要になります。全員を兼務社員にして最大限に効率化しようとするのではなく、企業の成長段階に合わせて、スペシャリストとゼネラリストをバランス良く育成するように心がけるべきです。

経営幹部候補はゼネラリストだが、スペシャリストにも厚く報いる

中には、時間をかけて業務経験を積むことで、すべての業務において8～10の力を出せるようになる優秀な人材もいます。このようなエース級は、将来の幹部候補人材として厚遇すべきです。

私は社長時代、私と志を1つにして同じ方向に向かって進んでいく経営幹部候補だけで

構成された「ベクトル会」という組織を作りました。会のメンバーは、数年ごとのローテーションで複数の部門を経験させてゼネラリストとして育成し、10年もすると会社を背負って立てるほどのリーダー人材となってくれました。

次世代の経営層を育成したいのなら、このようなゼネラリスト人材を複数育成しておく必要があります。

ただし、一方ではスペシャリスト人材への配慮も忘れてはいけません。経営幹部になれるのがゼネラリストだけであれば、スペシャリスト人材はどう思うでしょうか？　現場の士気が下がってしまう恐れが大いにあります。

そこで、**会社の規模が大きくなったら、スペシャリスト人材も一部、経営幹部候補に入れることを検討します。**それができないのなら、報酬面や表彰制度などで十分に報いる姿勢が必要です。

幹部にはできなくても、あなたたちのおかげで会社が発展したという感謝の気持ちを絶対に忘れず、思いを常に伝えるようにすれば、スペシャリスト人材もそれに応えてくれるはずです。

やっては
いけない

30 優秀なナンバー2に安心する

仕事ができる優秀な人物は野心も強い

有名企業の成功物語などを読むと、強烈なカリスマ性を持ったトップだけではなく、トップを陰に陽に支えながら、会社の発展を支えたナンバー2の存在が、成功に不可欠な立て役者として描かれていることがよくあります。

例えば、ソニーの盛田昭夫氏、ホンダの藤澤武夫氏などは、彼らがいなければソニーもホンダも世界的な大企業にはなれなかったのではないかとさえ考えられている、超有名なナンバー2です。そういった物語をよく知っている中小企業経営者の多くは「うちにも『社長の右腕』と呼べるようなナンバー2がほしい」と願うものです。

そして中には、「うちには優秀なナンバー2がいるから安心だよ」という社長もいます。しかし、そういう会社の経営がすべてうまくいくかというと、必ずしもそうならないことが多いのが経営の面白いところです。

ナンバー2になれるほど仕事ができる優秀な人物の多くは、プライドが高く、野心や上昇志向も強いことが多いものです。そして、社長から「君が我が社のナンバー2だ」と持ち上げられ、尊重されるほど、そのプライドや野心も膨らんでいきます。そういった気持ちや野心が、社長とともに会社の成長に全力投球するという正しい方向に向かっていけばいいのですが、しばしば間違った方向に進んでいってしまいます。つまり「俺がいなければ会社は回らない」というおごりから、まるでミニ社長のように、社内で好き勝手に振舞うようになったり、社長の経営方針や事業運営に対して「それは違う。こうするべきだ」などと、公然と反旗を翻すようになったりします。

その言動が、社長と同じ目標を共有し、そこに向かう上での戦術的な違いであれば、社長に対する異論を出すことがあってもまだいいでしょう。しかし、**野心にあふれたナンバー2は、社長の目指す夢や目標ではなく、自分が目指す夢や目標のために動いていくことがあります。**こうなってしまったら、社内に方針が異なる社長が2人いるようなものですから、社長派、ナンバー2派と、派閥ができかねません。もし現場の管理を完全にナンバー2に任せ切りにしていたりすれば、現場の社員の多くはナンバー2派になってしまう可能性は高いでしょう。

こうなると、ナンバー2は社長の右腕どころか、自分の寝首をかいてトップのポジションを狙う敵とさえ感じられるようになり、社長はいつクーデターを起こされるかと、夜も心配で夜も眠れないようになります。

そうなってから、ナンバー2を降格させたり、首を切ったりしようとしても非常に難しくなります。なぜなら、有能で仕事ができるナンバー2に多くの仕事を任せていた現状で、その人物が突然抜けてしまったら、業務が滞り、業績が悪化してしまうためです。ナンバー2が営業部長で多くの取引先を掌握しているような会社なら、「俺の首を切ったら、この取引が全部なくなるぞ」と、取引先がいわば「人質」のようにされることすらあります。そこから社長が主導権を取り返すのはかなり苦労するでしょう。

ナンバー2は3人育てる

では、そんな事態になることを防ぐにはどうすればいいのでしょうか。

理想的には、長期間かけて、同じくらいの実力を備えたナンバー2を「3人」作るのがベストです。

3人のナンバー2がいれば、もしそのうちの1人が反旗を翻すようなことがあり、その人物の首を切らなければならなくなったとしても、社長とあとの2人とで経営を回していくことが十分可能です。ただし、その育成には長い時間と手間がかかることは十分意識してください。それを急いで、すぐに結果を求めようとすると失敗します。

例えば、３名のめぼしい人材が、営業部長、経理部長、製造部長となっているとします。皆、それぞれの部門のスペシャリストです。しかしそのまま部門のスペシャリストとして育成するのではなく、例えば営業部長と経理部長を交代するなど、数年ごとにポジションを入れ替えます。

このように**長い時間をかけて、会社の多くの主要部門に精通するゼネラリストを３名育成することにより、社長の次に会社全体を掌握しているナンバー２を３名育て上げるのです。**この体制なら、もし１名が抜けたとしても、その穴を当面、他の２名が埋めることは可能です。そして、また１名を育成して加えればいいのです。そして将来は、その３名の中から後継者候補を選ぶこともできます。

そして、３名のナンバー２の候補となる人材として重要なことは、決してわがままにならない、言い換えると、自分起点で考えずに会社起点で考えられる人物という点です。このことは、中小企業のナンバー２になる資質としては、仕事ができるということ以上に重要であることを絶対に忘れないようにしてください。

やってはいけない

31 人数が少ないときから組織やポジションを固める

組織が拡大すれば優秀な人材も増える

起業をした経営者のほとんどは、会社を大きくしたいと願います。売上を100億円にしよう、社員を100人にしよう、全国展開しようなどと、成功したときの会社の姿を夢見るものです。それを原動力に仕事に邁進するのは素晴らしいことです。しかし、その夢の実現に前のめりになりすぎて、**組織作りや幹部作りをあまりにも早くから実行してしまうのは考えものです。**

創業当初はどの会社でも数名で出発します。社長の他に、社長の奥さんが経理をやっていたり、社長の前職の同僚や後輩が営業担当になっていたり、あるいは社長のコネで入社してもらった知人が店長になっていることもあるでしょう。そのような時期に知人やコネで入社した人に対して「君は功労者だから専務にしよう」「あなたは将来、営業担当役員になってほしい」などと、将来、組織が拡大したときのことを前提にして、役職を決めてしまう社長がいます。これは、ぜひともやめていただきたい。

なぜなら、将来、本当に会社組織が大きくなり、社員が50名、１００名……と増えていった場合、その人物がその規模の組織で、役職者やリーダーの役割を担うのに適任かどうかはわからないためです。

人材が何倍、何十倍に増えていけば、あとから入社したメンバーの中に、創業時のメンバーよりも優秀な人材が何人も現れるはずです。それなのに単に「創業初期からいた」という理由で、資質や能力が相対的に劣っているメンバーが上にいたらどうなるでしょうか。あとから入社したメンバーが優秀であればあるほど、やる気を失ってしまいます。

最初から副社長、専務、部門担当役員、その他の役員、部門長などをガチガチに固めてしまっていては、あとから入ってきた優秀なメンバーを引き上げる余地がなくなってしまいます。かといって、創業当初に役員や役職に抜擢したメンバーの任を解こうとすれば、それはそれでトラブルが生じます。下手をすれば派閥ができて内紛になりかねません。

私たちの塾生でも、社内に反社長派の派閥ができ、その派閥中心メンバーと同調者がいっせいに退職して、おまけに顧客も引き連れていってしまったため、大混乱に陥った会社がありました。

自信のない社長ほど、早くから組織を作りたがる

社長が、早すぎる組織作りや役職ポストの用意をしたがるのは、多くの場合、自分の社長力の不足に対する不安や、自信のなさの表れなのです。あるいは「ええかっこしい」かもしれません。

経営者として夢に向かって邁進し、事業や組織を拡大していくための構想力や実行力、情熱、リーダーシップなどの「社長としての力」に自信が持てない社長ほど、早くから社員を役職につかせます。そうすることで、「俺がポジションを決める立場なんだ」という権威を見せつけたり、「私はみんなの思いを理解していますよ」という理解の良さを示したりすることで、いわば手なずけようとするのです。これらは、社長としての〝伝家の宝刀〟でもあるのですが、まだ組織が小さいうちに抜いてしまえば、将来、使うことができなくなります。それが後々命取りになるとは、その時点では想像もできません。

では、どうすればいいのでしょうか。

社員が5～10名程度のうちは、かっちりした階層型組織や固定的な役職ポジションはなくてもいいのです。「全員を〇〇リーダーと呼んでいこう」ということでもまったく構い

ません。社員が10～20名規模になると、仕事をしている中で、何名かは自然とチームのとりまとめ役的なポジションになり、他のメンバーから一目置かれるような立場になる人が自然に出てきます。そういう人望や実力のある人をチームリーダーにすればいいでしょう。役職を決めることなどより、業務プロセスを整理したり、業務マニュアルを作り込んだりするほうが、よほど重要です。

そして、組織が大きくなって、不都合が出てくるようになったら、まず主任を5～6名作る、その数年後に課長を3～4名、さらに数年後に部長を1～2名作るなど、後追いで役職を用意していくのがいいでしょう。**組織の拡大に応じて、下位の役職から設けていくことがポイントです。**

ただし、将来の成長を前提として、早い段階から理想の組織図を考えて、組織作りの練習をしておくことも、悪いことではありません。その場合も先に述べた通り、将来に理想の組織ができるようにポジションの余地を残しておくことが非常に重要です。理想の組織図はあくまで社長が理想として抱えておくにとどめておき、今すぐそのポジションをすべて埋める必要はないということです。

やってはいけない

32 古参の社員を優遇する

高齢者の雇用確保が義務づけられている

参考書など教材関係を中心とした出版社があります。佐藤社長が30年ほど前に創業した会社で、いくつかの学校や塾で用いられる教材などを制作していることから、比較的安定した経営を続けてきました。

この出版社には、60歳を超える古参社員が2名いました。1人は、専務兼編集部長を務める女性の桜本専務です。桜本氏は、優れた手腕を持つ編集者であり、編集部門のトップとして長らく同社を支えてきました。

そして、もう1人は営業事務をしている62歳の冬木さんです。冬木さんは60歳で定年後、現在は嘱託として勤務しています。実は、冬木さんは桜本専務の夫なのです。

問題はこの冬木さんでした。彼が40代の頃は営業マンとしてそれなりに力を発揮して、会社に貢献してくれたことは事実です。冬木さんの努力で得意先となり、現在も継続的に仕事を発注してくれる学校もあります。その意味では、桜本氏と同様に、同社を支えてきた功労者であることは間違いありません。

ところが、50代後半で役職定年となってからは、仕事への熱意が失われてしまったようで、はっきりいえば営業部のお荷物的な存在となっていました。

それにもかかわらず、本人にはかつては会社の発展に寄与した功労者だというプライドがあるため、部下や若手に上から目線で接して、煙たがられていました。佐藤社長は、本心では冬木さんに辞めてもらいたいと思っていました。実際には嘱託社員としても雇いたくなかったのです。しかし、桜本専務の手前、「役に立たないから再雇用はできない」ということはできませんでした。また、桜本専務自身も、夫である冬木さんにはどうしても遠慮があり、強く意見することができません。

佐藤社長は「彼が65歳になるまでの我慢」だと考えていたのですが、最近になって、改正高年齢者雇用安定法により、70歳までの就業確保が企業の努力義務とされたことを盾に、冬木さん自身は70歳まで働きたいといい出していて、佐藤社長は頭を抱えています。

求める役割を明確にして、本人の自覚を促した上で処遇を決める

社歴の長い会社には、古参社員が存在しているものです。最近は高齢者雇用が推奨され、

65歳までの雇用は義務化、70歳までが努力義務化されているため、以前に比べても古参社員の割合が増えています。そして、この古参社員をどう扱うかは、非常にデリケートな問題です。

もちろん、その古参社員が十分に意欲的で、高い実務能力を持つ人材であれば、ありがたく働いてもらえばいいだけです。

しかし中には、勤務歴は長いものの能力が低かったり、やる気が下がっていたりして、酷な言い方ですが、現場で少々〝お荷物〟扱いされる人が存在する場合もあります。そのような人に対して、ただ古参だからという理由で厚遇したり遠慮したりしていると、若手や中堅社員の不満が高まり、社長の求心力は失われます。

かといって、「まだ働きたい」といっている古参社員を、社長が冷酷に扱い、強引に辞めさせたりするのも問題です。そんなことをしたら、周りの社員はどう思うでしょうか。「この会社は、かつては貢献した社員でも、高齢になったら冷酷に首を切られるのだ」と思われたら、若手や中堅社員の会社に対するエンゲージメントは急速に失われていくでしょう。誰だって歳をとるのですから、高齢社員が受ける仕打ちは、未来の自分も受けるはずです。そんな会社からは早いうちに逃げ出そうと考えるかもしれません。

そこで、社長としては、**古参社員が定年退職やその前の役職定年を迎える前に、定年後に期待する役割を明確にして、しっかり伝え、そのような働き方を前提にして雇用するという共通の了解を作っておくことが大切です。**逆にいえば、共通了解が得られた働き方ができないのなら、辞めてもらうのもやむを得ないということです。

また、**社員として雇用するのではなく、会社から業務を発注することを前提に業務委託契約で働いてもらうという方法も有力です。**業務委託になれば、固定の給与ではなく、働きに応じた成果報酬となり、報酬額は本人のやる気と能力次第です。そのような扱いであれば、若手社員から不満が出ることはなくなります。

もちろん、本人には「社員として雇えない」などと一方的に通告するのではなく、十分に話し合いをして、本人にとってもいい状況になるということを納得してもらわなければなりません。

私も、かつてそのようにして、定年退職後の社員に業務委託先として働いてもらったことが何度もありましたが、ほとんどの人からは「ありがとうございました」と感謝されました。腹を割って話し合い、納得してもらった上で、最後には感謝される。そのような状態に持っていくのが、まさに社長の力なのです。

やっては
いけない

33 親族を登用して守りを固める

社員のやる気をなくさないようにする

小さな会社では、法人化をしているとしても3～4名の家族や親族だけで経営されていて、個人事業主に近いことがよくあります。夫が社長、妻が専務、2人の子がそれぞれ役員、といった構成で経営されている会社はまったく珍しくありません。そういう会社では、親族以外の人を雇うとしても、補助的な作業だけをさせるパートやアルバイトとして雇う程度です。

赤の他人を雇うよりも気心の知れた家族が力を合わせて働いて稼ぎ、利益は「家」のものとするほうが、シンプルで事業運営もしやすいはずです。家族が食べていける現状維持で満足し、特に成長は求めないのであれば、それでもいいでしょう。しかし、売上を伸ばし、事業規模を大きくしたいなら、人員を増やしていかなければならず、そのためには親族以外の人も雇わざるを得ません。

また、事業を伸ばすための人材の拡充は数の面だけではありません。質の面でも、真面目で熱心な社員を増やしていかなければならないのです。**より質のいい人材を増やすためにも、親族以外の人材の力を借りていく必要があります。**そしていずれその人材の中から、重要なポジションを任せる人を選ぶことも考えなければなりません。

ところが、社員の総数が10人を超え、30人、50人と増えてきても、まだ、役職者などのポジションを社長の親族だけで独占させている会社があります。そういう社長は、他人である社員はいつ辞めていなくなるかわからないから信用できない、親族であれば信用できると考えているのでしょう。

社長がそのような考え方で親族だけを重用し、重要ポジションをいつまでも独占させていては、せっかく素質のある社員が入社しても、いずれやる気を失うでしょう。

「この会社ではいくらがんばっても、親族でない者は一定以上の出世は望めない」と失望して、ほどなく去っていきます。

これでは、会社を成長させていくことには限界があります。

社長が目指すビジョンによって、親族経営への考え方も変わる

大きなビジョンや目標を実現するため、事業を拡大し、社員を増やして会社を成長させ

ていきたいのなら、必ずどこかの段階で親族経営から脱していかなければなりません。親族以外でも活躍する社員が登場してきたのなら、出世できるチャンスを与えるために、親族がついている重要ポジションを明け渡して与えていくことも必要です。ただ、中には不満を感じる親族も出るでしょう。

そこで、社長自身の力を高めて、何が会社にとってベストなのかを熱意を持って説き、理解してもらいます。常日頃から将来の夢やビジョンを示し、親族も親族以外の社員も納得できる経営をしていることが大切なのです。

しかし、すべての社長が大きなビジョンや目標のために会社を成長させていきたいと考えているわけではありません。また、すべての社長がそう考える必要もありません。

もし**社長が、「家族4人が食べていけるだけの事業を続けられれば、それで十分幸せだ」と思うのなら、他人を雇わず家族経営で続けていくのがベストです。**

私たちの塾生に夫婦でパソコンスクールを経営している川崎社長がいました。川崎社長はパソコンの知識が深く、教えることもうまかったため、スクールはいつも繁盛していました。あるとき、川崎社長は隣町に2号店を出店しました。ところが、経営がなかなか安定しませんでした。

実は、川崎社長は自分自身が講師となってお客様にパソコンの使い方を教えることはうまかったのですが、自分と同じように店舗を管理する店長やスタッフを教育することは、かなり苦手でした。そのため、店長やスタッフがすぐに辞めてしまい、そのたびに募集をして採用するので、その手間や費用がどんどんかさんでいたのです。

相談を受けた私がよくよく話を聞くと、川崎社長はそもそも、スクールを全国チェーン展開していきたいといった大きな夢は、まったく持っていませんでした。自分と家族が、ある程度豊かな暮らしをできればそれで十分だと考えていたのです。

私は、それならもう人を採用しなくていいとアドバイスしました。ちょうど、川崎社長の娘が働けそうだったので、夫婦と娘の３人だけで経営することをすすめました。

川崎社長はそれに従い、完全に家族だけでの経営に転換し、経営は安定しました。

会社をどこまでも大きく成長させていくことを目指すのか、それとも家族がある程度豊かに食べていける程度で満足するか、社長の志向性によって親族経営に対する考え方も変わってくるのです。

やっては
いけない

34 労働組合を作らせない

労働組合を介した穏やかな労使協調は、会社発展の礎となる

最初に原則的なことを確認しておきましょう。

労働者が労働組合を結成する「団結権」、労働組合が使用者（会社）と交渉する「団体交渉権」、および、労働者が団体で行動する「団体行動権」は、日本国憲法（第28条）、および労働関連法規（労働基本法、労働組合法、労働関係調整法）により保障されている権利であって、これらを会社が認めないということはできません。世の中には「うちは労働組合を作らせないよ」といったことを豪語する社長もいますが、それは法律的にはアウト。

その上で、現実的には、会社のレベルがあまりにも低い段階で労働組合が結成されて、団体交渉をされると困るというのも事実です。

ここでいう会社のレベルとは、例えば、就業規則をはじめとした社内規程などがきちんと整備されているか、労働時間はきちんとタイムカードで記録して残業代も支払っているか、といったコンプライアンスや内部統制の整備レベルの話です。

もちろん本来、それらはすべての会社において整備されてしかるべきものなのですが、創業直後はまず事業を軌道に乗せることに必死で、規程の整備にまで手が回らないことが普通です。最初から規程などに不備のない中小企業は、ほぼ皆無でしょう。

ではどうすればいいかといえば、その段階では、社員が労働組合を作る必要性を感じないように、社長は社員としっかりとコミュニケーションをとり、社員の要望によく耳を傾けて、快適に働きやすい職場環境を意識して作るよう心がけます。ただし、**ある程度事業が軌道に乗り、従業員も増えてきたら、社内規程も少しずつ整備していかなければなりません。**

そして、社員がある程度増えてくれば、社長の経営レベルも相当上がっているはずです。そうなると、労働組合は会社にとってむしろ必要な存在となります。

なぜなら、労働組合を通じて労働者がきちんと会社に対する意見を伝えられるようになれば、従業員が働きやすくなるからです。**従業員が働きやすくなる環境整備が進めば、定着率も高まり、採用にも有利となるでしょう。**

また、労働組合が存在していると、経営陣と社員が対等に話し合い切磋琢磨している企業であることを社外に対して示すことにもつながります。もちろん、労働組合のない会社が、すなわちブラック的だとみなされるわけではありませんが、**労働組合がある会社のほうが相対的にはコンプライアンス面がしっかりしている会社だと、世間や求職者からは評価されるでしょう。**

労働組合の存在による経営への効用は大きい

私が経営していたビッグ・エスでも、創業からしばらく、労働組合はありませんでした。私が、「そろそろうちにも労働組合ができたほうがいいな」と考えるようになった頃、ちょうど機が熟したように、社員からも同じような機運が生じて、労働組合が結成されました。私は「社員も成長してくれた。うちもこれで一人前の会社だな」と、内心誇らしく感じたものです。ちなみに、その組合が誕生したときには、上部団体も参加する大規模な結成式が開催されましたが、私は「来賓」として呼ばれてスピーチをしました。社長なのに、自分の会社のイベントで来賓とはどういうことだと、少々複雑な気持ちになったものです。

あるとき、労働基準監督署から連絡があり、「お宅の労働時間管理は問題がある」といわれたことがありました。確かに、当時はサービス残業もあったのです。それで、調査官が調査にくるという話になったのですが、「労働組合のほうとも相談して、日程を調整します」といったところ、「組合があるのですか。それなら組合と話し合っていただければいいですよ」といって、調査はなくなり、それでおしまいとなりました。

組合があるということは、それだけ労働管理面での信用が高くなるということです。

会社が長期にわたって成長を続けていくためには、社内の全員が一丸となって目標実現のために行動をしなければなりません。それには、良好な労使関係は不可欠です。会社の規模が小さいうちは個々の社員と直接コミュニケーションをとればいいでしょう。しかし、**ある程度の規模になれば、良好な労使関係を築くために労働者の代表団体である労働組合と常に話し合っておくことは、効率的で合理的です。**

また、組合の存在は社長の暴走を防ぐことはもちろん、社員の暴走を防ぐこともあり、経営の安全装置ともなります。さらに、組合との話し合いを通じて、社長の思いが社員の隅々にまで浸透しやすくもなります。

労働組合と聞いただけで毛嫌いする社長も多いのですが、組合の存在は決して会社の成長を阻害するものではなく、むしろそれを推進する基礎になると考えてください。

第5章

社員との関係性編

やっては
いけない

35

細かく指示を与える

自分がいなくても成長していける会社を作らなければならない

大企業では、必ずしも社長が社内で一番仕事ができる優秀な人物とは限りません。大企業には優秀な人材が集まるので、役員やマネジャー層に、社長とほとんど遜色のない高い能力を持った人材がたくさんいます。だから、社長と同じくらいの能力を持つ優秀な人が副社長となり、万一社長に何かあっても、滞りなく事業が続けられます。

しかし中小企業、特に創業社長が経営している企業では、社長と社員の業務遂行能力は、天と地ほども差があります。起業してゼロから事業を作ってきた社長は、一般的な会社員とは比べものにならない仕事の質量を経験してきており、高い能力を持っているのは当然です。そのために、社長が社内の細かいところまですべて社員に指示を出して、指示通りに仕事をさせている会社がよくあります。**社長が社員の仕事を信頼していないのです。**

それが、創業から間もなく社員が４～５名の会社であるならわかります。でも、社員が

30名、50名と増えて会社の規模が拡大し、一定の組織化もなされている段階なのに、まだ現場の業務の細かいところにまでいちいち口を出し、指示する社長がいます。これは困りものです。

そういう社長の気持ちも、わからなくもありません。自分自身がなまじ優秀であるがゆえに、「なんでもっと効率的にできないのか」「なんでそんな簡単なことが解決できないのか」と、社員の仕事がすべてにおいて歯がゆく感じられてしまうのでしょう。

そして、「ほら、こうすればいいじゃないか。この通りにやれ」と指示を出すことになります。社長のほうが、はるかに能力が高いですから、直接指示をしたほうが、効率の良いやり方になるはずです。

しかし、そのようなやり方を続けていると、社員は「私が考えたやり方は、どうせ否定されるのだから、最初から社長の指示を待ったほうがいい」と思い、自ら考えて主体的に動くことをやめてしまいます。言い換えれば、**社員から考える能力を奪ってしまうのです。**

私たちの塾生に、地域の優良企業として地方新聞などにも取材されている会社の社長がいます。その父親が創業者で非常に有能かつ行動力も高い人物で、一代で会社を社員

150名、売上100億円まで育てました。現在は、息子に社長の座を譲っていますが、経営の手綱を握ったままです。すべての会議に出席し、あらゆることに口を挟みます。それだけならまだしも、会議の場で社長の息子に曖昧な発言や些細なミスがあれば、激しく怒り、他の役員もいる前で、パワハラ的に罵倒するのです。これでは、息子はたまりません。

他の役員も萎縮してしまって、会長の顔色ばかりうかがうようになります。息子の社長は完全に自信を喪失して、「なんとかしてください」と私のところへ相談しにきました。

こういう会社は決して少なくありません。後継者を育てることがトップの重要な役割であることを、忘れてしまっているのではないかと感じます。

自分がいなくなったあとも成長を続けられる会社にしよう

自分から能動的に動けない指示待ち人間ばかりで、会社が組織として成長していけるはずがありません。ある程度の段階までなら、社長1人の健闘で大きくすることはできますが、一定規模以上になるためには必ず組織としての力が必要です。

そして**組織としての力は、結局、社員一人ひとりの業務遂行能力なのですから、社長は**

社員に力をつけさせ、それを伸ばすような施策をとらなければなりません。

そうでなければ、社長に不測の事態が生じたときに、会社はあっという間に立ちゆかなくなってしまうはずです。**社長がいなければ回らない会社というのは、厳しくいえば社長の個人事業であって、会社としての体をなしていません。**

自分がいなくなったあとも、未来永劫続く会社を望むのなら、社員に考えさせて社員の力を伸ばす方向に舵を切らなければならないのです。

そのためには、社員の失敗を恐れずに、仕事を任せることです。もちろん、それは**丸投げして任せ切りにすることではなく、常に目を配り、重要なポイントではアドバイスをしながら、社員と伴走していくことです。**そのアドバイスは「さすが社長」と社員をうならせるレベルの高いものでなければなりません。レベルの高いアドバイスをするために、常に勉強を続けることも社長には必要です。

そうして仕事を任せられ、重要なポイントではアドバイスも受けられた社員は、1年後、2年後には、大きく成長した自分の姿に気づくはずです。そこで、「よくやった」と褒め称え、共に祝杯を挙げるのです。

やっては
いけない

36 現場のミスや不備に対して、その場ですぐに指示する

社長と社員ではそもそも経営に対する意識が違う

このテーマは、以前経営していた家電店が5～6店舗の頃に、私がしてしまった失敗と反省の経験に基づいて書いています。

当時の私は全社的な経営に関する仕事をこなす一方で、次々に出店した店舗を見て回り管理する忙しい日々を過ごしていました。

その忙しい時間の中でも店舗に行くと、不十分な点や改善すべき点がいくつも自然に目に入ってきます。店長や社員が、どうしてこんなことに気がつかないのかといぶかしく感じるくらいです。

そういった現場のミスや不備に気づいたときは、放っておくことができませんから、その場ですぐに店長や売り場担当者を呼んで「これをこうしろ、あれはああしろ」と、指示を出しました。

例えば、店のバックヤードに行くと清掃用具が並べられていますが、そこにかけられている雑巾がとても汚い。それに気づくと、すぐに店長か、社員を呼んで「こんな雑巾で拭いたら、展示商品が汚れるだろう。すぐにきれいに洗いなさい」といって洗わせる。また、その隣の棚を見ると、店舗清掃用の洗剤が切れかけている。「これじゃあ、すぐに切れるだろう、掃除をするときになくなったらどうするんだ、すぐに買ってくるように」といって買いにいかせる。そういった具合です。

しかしあるとき、よく考えてみると、こんなモグラ叩きのようなことを続けるのは、まったく非効率的だと気づきました。

皆さんも同じだと思いますが、経営者である私は、どうすればライバルに負けない店になるか、お客様により喜んでもらえるか、少しでも多く売上を伸ばすことができるかなど、それこそ寝ている時間以外は、四六時中、常に経営のことを考えていました。

店舗に行くたび、不十分な点や改善すべき点がいくつも自然に目に入ってきたのは、そういう意識を常に持っていたためもあるでしょう。

しかし、経営者と社員とでは、もともと経営や改善に対する意識の持ちようが違うのだから、それをいってても仕方ないかもしれないと気づいたのです。

ミスが生じないような仕組み作りこそ社長がなすべき仕事

経営者としてやるべき仕事は、ミスや不備を見つけるたびに、すぐに指示を出してモグラ叩きのようにそれをつぶしていく「対症療法」ではありません。そもそもどうしてそのようなミスが生じるのか、その原因を探り、原因を取り除くことでミスが生じない体制を作る「根治療法」をすることのはずです。

そのために**組織の仕組み、ルールやマニュアルの整備を実施します**。

例えば、先の雑巾が汚れているという問題に対しては、曜日ごとに雑巾を洗う担当者を決めて洗わせることや、定期的に新しい雑巾を安く揃えられるように、古くなった衣類などの雑巾になる素材を社員に持参してもらうようにするといったルールを決めました。

また、洗剤を絶対に切らさないようにするため、各店舗に必ず2つの洗剤を置いておき、1つが空になったら1つ補充するダブルボトル方式を採用。ほかにも、ほうきやモップを立てかけていると、先が床に触れてほこりやゴミが付着してしまうため、吊り下げ式の置き場を作る、といったことも実施。

そしてそれらの施策について、まず各店舗の優秀な社員を教育して覚えさせ、それからその社員が他の社員に教えていくという形で完成させました。

このように、**どうすればミスや不備が生じないかを考えて、ルール化、マニュアル化して実行させることこそ、社長がなすべき仕事です。**それを意識しない限り、いつまでも社員を叱り続けなければならず、社員のほうも嫌気がさしてきます。

また、今のはミスの例ですが、事故が起きたときなども同様です。事故であれば、そのときの迅速な対処も重要ですが、それ以上に、事故の原因の原因まで深く探っていき、二度と同じ事故が発生しないように対策を講じることは、最優先の重要課題となります。

やっては
いけない

37 社員を公平に扱う

一人ひとりの事情に寄り添って不公平に扱う

このテーマのポイントは2つあります。

1つは、そもそも公平とは何か、という点。そしてもう1つは、公平は長期的にしか実現できないという点です。

「私は社員を徹底的に公平に扱っています」という社長は、よくいます。社員を不公平に扱えば、必ず不満が出ますから、公平にすることが大切だ、というのです。

しかし、そういう社長の話をよく聞いてみると、どの社員にも同じように接して、一律に同じ待遇などを与えることを「公平」だと考えているのです。極端にいえば、全員が同じ勤務時間、同じ仕事内容で、同じ給料だったら公平だろう、という具合です。

しかし本当は、**社員の価値観やモチベーション、また、抱えている事情や状況などは、一人ひとり違います。それらをしっかりと把握して、各人の希望に合った条件なり待遇なりを与えることこそ、真の公平なのです。**

それは表面的に見れば、不公平に見えます。

例えば、みんな9時に出社しているのに、ある人は10時から出社しているとします。しかし、その人は親の介護があって、ヘルパーさんがくる時間の関係でどうしても10時からしか出社できないという事情がありました。それなら、10時からの出社を認めます。これは一見不公平に見えるかもしれませんが、事情が異なる人に、同じように9時に出社させれば、その人だけ重い負担を背負うことになります。そのほうが不公平だと考えることもできます。

今度は他の社員が結婚して子どもができたとします。そして、保育園への送り迎えがあるから、他の人は5時まで働くところを、4時に退社しなければならないとします。そうしたら、今度はその人は4時での退社を認めます。

すると、**短期で見れば、特定の人だけが優遇されているように見えても、中期、長期と長い目で見れば、すべての人がそれぞれの事情に応じて配慮されているということになります。**結局、それが全員にとっても公平になるというわけです。

社長が手間暇をかけて、本当の公平を実現する

社長時代のことです。ある店舗でそれまで地域トップレベルの販売実績をあげていたのに、ある時期から急に成績が落ちて、仕事がおろそかになった社員がいました。

私は彼の家まで行って話を聞くことにしました。最初はなかなか本当のことを話してくれませんでしたが、膝を突き合わせていろいろな話をしていくうちに、「結婚資金として貯めていたお金を、父親が事業資金として勝手に使って、事業に失敗してゼロになってしまった」と教えてくれました。彼女との結婚のためにがんばって働いてきたのに、お金がなくなって結婚もできなくなったので、もう仕事をやる気も失せた、というのです。

私は、なくなってしまったお金の金額を聞くと「それくらい、俺が3年で作ってやるからがんばってみろ」といって、給料とボーナスを他の社員よりも引き上げてやると約束しました。彼はぱっと明るい顔になって「本当ですか」といいます。

私は、「もちろん、本当だ。ただし、成果もないのに給料を上げたら、他の社員と不公平になる。だからこれだけの売上をあげてもらわないと困る」と答えたのです。

その後、彼はすっかり元気を取り戻しました。もともとトップクラスの販売実績があった人物ですから、やる気さえ出せばすぐに成績は回復します。そして以前にもまして、た

くさん売るようになったのです。

個人的な事情に鑑みて、その彼にだけ給料やボーナスを引き上げると約束することは、その時点で見れば、確かに不公平でしょう。しかし、結果的に彼は、引き上げられた給料に見合うだけの優れた成績をあげたので、成果に対する報酬と見ればまったく不公平ではありません。ただ、順番が前後しただけです。

ちなみに、彼はその後も優れた能力を発揮して会社に大いに貢献してくれました。

このように**社長が、社員一人ひとりの事情や状況を詳細に把握して、それを踏まえた上で個別の対応をすることは、非常に手間暇がかかりますし、悩ましいことも多いため、心労もあります。**その手間暇をかけることが面倒なので、多くの社長は社員を一律に扱って「公平が大切だ」だといっているのではないでしょうか。そうだとしたら、社長としてやるべき仕事を放棄しているとしかいえません。
社員一人ひとりに寄り添って、事情も考慮しながら、社員が力を最大限に発揮できるように対応を考えて実行していく。それこそが、社長がとるべき本当に公平な態度なのです。

やっては
いけない

38 社員のプライベートには踏み込まないようにする

社長と社員が相互にプライベートに踏み込める信頼関係を築け

「社員のプライベートには踏み込まない」と考えている社長は少なくありません。

その理由は、社員のプライベートにまで踏み込んで、社員が抱えている問題にも関与することが億劫だからでしょう。また、社員のプライベートに踏み込むのなら、自分のプライベートもある程度開示をしなければならないため、それが嫌だということもあるのではないでしょうか。

しかし、これは中小企業の社長としては、完全に間違っています。**中小企業の特徴は社長と社員の距離が近いことであり、お互いにプライベートに踏み込めることこそ、最大のメリットなのです。**

社員がプライベートで大きな問題や悩みを抱えていれば、常にそれが気になり、仕事に集中できなくなります。

社員は誰でも、個人的な問題をいくつも抱えています。例えば、親の病気、子どもの進学問題、住宅ローン、近所の住民トラブル、相続トラブルなど、挙げていけばキリがありません。そして、そういった個人的な問題が、会社の仕事を進めていく上での障害ともなります。そこで、社員が悩んでいる問題に対して、社長がプライベートまで踏み込んで、助言や手助けをしてあげるのです。そのためには、社員各自の人生観や仕事観、家庭の状況、趣味嗜好なども積極的に把握しておくといいでしょう。

一般的に社長は、社員より人生経験が豊富でトラブルに立ち向かうパワーもあります。経済的にも余裕があるでしょうし、仕事を通じて多くの役立つ人脈も持っています。それらを駆使して、社員のプライベートなトラブルの解決を図ってあげるのです。

社員が仕事に集中するのを妨げているトラブルが解決に向かえば、自ずと社員はやる気を出して、今まで以上に仕事で力を発揮できるようになるはずです。

自分の弱さをさらけ出せる社長のいる会社は強い

社長が社員のプライベートに踏み込むためには、社長からも社員に対してプライベートを開示しなければなりません。それも**社員よりも先に、まず社長が自分の心を開いて、自**

分の多くを社員に見せていくのです。

自分の弱点や不得意なことを話すのが苦手、という社長はよくいます。これはいわば、心に鎧をまとって社員に弱みを見せたくない、立派な人だと思われたいという「ええかっこしい」の姿勢です。しかし、それでは社員も社長に本音を話してくれません。

人は、自分のことを開示してくる相手に対しては自分も開示しようとしますし、逆に自分のことを隠す相手には、自分も隠そうとします。鏡のようなものなので、まず社長が自分の考え、弱み、強み、夢、妄想など、なんでも社員に話していくようにします。特に自分の苦手なことや弱みは積極的に話して、社員に「手伝ってくれないか」と頼むのです。

常に社長が社員のプライベートまで踏み込んで、社員の悩みや困りごとを解決していれば、社長が「困っている」ことがあるときに、社員は恩返しをしようと、積極的に助けてくれるようになります。

そうやって社長と社員が互いに信頼し合い、助け合いながら一丸となって目標に進んでいく、そして全員で幸せになることを目指す。これこそが理想の中小企業の姿だと私は信じています。

もちろん、スティーブ・ジョブズやイーロン・マスクのような天才的な才能と指導力を持つ経営者であれば、弱みを見せて社員に助けてもらう必要も、社員のプライベートまで踏み込んで世話を焼いてあげる必要もないでしょう。その経営者の才能だけで、人を集める求心力があるのですから。

しかし、現実的に考えて、あなたは彼らのように人並み外れた才能と求心力を持つ経営者でしょうか？　少なくとも私はそうではありません。むしろ正反対の弱者です。そこで弱者の戦略として、社員のプライベートにも踏み込みながら、自分の弱点も社員に助けてもらい、全員が一体となることで成功を目指す道を選んだのです。ぜひ皆さんも、社員のプライベートにはどんどん踏み込んでいくようにしてください。

ただし、その際に注意してほしいのは、プライベートに踏み込むことと、失礼であることはまったく別だという点です。プライベートに踏み込むからこそ、社員に対して人としての最低限の礼儀や尊敬の念を忘れないように、十分注意してください。

やっては
いけない

39
社員にアメとムチでノルマを達成させる

短期的には有効でも、長期では続かない

アメとムチで、何がなんでも目標達成をさせようとする「モーレツ営業」と呼ばれるような社風の会社があります。もちろん、そのような会社だけでなく小売業や製造業などでも当てはまるケースはあります。

部課やチームに対して、また社員個人に対しても、売上金額、販売数などノルマ数字を設定し、とにかくその数字を達成せよ、達成できたらさらに上乗せせよと、社長やマネジャーが常に追い立てます。また、単に叱咤激励してムチを打つだけではなく、ノルマが達成できたチームや社員には高い報酬も与えます。

このようにアメとムチで追い込む、あるいは、馬の前ににんじんをぶら下げて走らせるようなやり方で、社員を徹底的に働かせて急成長する会社は、実際にたくさん存在します。

ただし**常に追い込まれている社員は、短期間なら気力でがんばれますが、長い期間は続かず、多くの場合は脱落していきます。**

このような会社の社員は、平日は毎朝、子どもが起きる前に出社して、奥さんも子どもも寝ている終電近くで帰宅。風呂に入り、夕食を食べたら寝るだけ。さらに土日も、家で資料作りなどサービス残業をしなければならないこともあります。

そんな生活を長く続けられる社員は、そうそういません。必ず心身が疲弊し、中にはメンタルの病気になってしまう人もいるでしょう。最悪のケースは過労死です。

そこまではいかなかったとしても、疲れ切って仕事や生活に対する疑問が生じれば、そんな働き方をさせている会社や社長への不信感や批判につながります。そうなれば、退職につながりますし、会社に対して害をなす行為に出ないとも限りません。

社長が目先の小さな成果「だけ」を求めて、社員を追い立てて全力疾走させるようなやり方では、結局、長期的に大きな成果を得ることは望めないのです。社長がやるべきことは、社員が長期的な視野で成長を続け、会社が伸び続けるための仕組みや教育環境を整えることなのです。

モチベーションのあり方が変わっている

単にハードワークをやめれば、社員の意欲が続くというわけではありません。

場合によっては、長い期間にわたって猛烈な努力を続ける社員がいます。

例えば『プロジェクトX』などのテレビ番組では、チームメンバーが幾多の困難に遭遇しながら、何年も必死の努力を続けてそれを乗り越え、巨大プロジェクトを成功させた実例がいくつも紹介されています。

テレビ番組になるような話ではなくても、社歴の長い会社なら、献身的ながんばりをした先輩によって会社が支えられたエピソードは、1つや2つは残っているでしょう。

困難なプロジェクトを成功させたメンバーたちが高い意欲で働き続けられたのは、決して金銭的なインセンティブのためだけではありません。**自分の仕事によって、世の中や会社の理想を実現したいという使命感、自分の力がチームのために役立っているという手応え、また、仕事によって自分が成長しているという成長実感などが、彼、彼女たちをハードワークに駆り立てたのです。**

アメリカの作家であるダニエル・ピンクは、著書『モチベーション3・0』(講談社)において、経済的な報酬などのアメとムチによってモチベーションを高めようとするのは古い考え方であり、それは現代の社員には通用しないと述べています。そして、「個人の自律性」「目標達成に向けた成長」「社会やチームへの貢献など利他的な目的」を要素とする新しいモチベーションの考え方を「モチベーション3・0」として提唱しています。

昨今、日本のミレニアム世代やZ世代と呼ばれる若年層の間では、就職や転職に際して、その仕事を通じて自分がどれだけ成長できるのかという点が、もっとも重視されるといわれています。まさに、モチベーション3・0の世界です。

したがって、社長が社員に対してまず伝えなければならないことは、数字を上げろと叱咤することでもなければ、ノルマを達成したらこれだけ高いボーナスを出すとにんじんをぶら下げることでもありません。

自分はどんな壮大な夢を描いているのか、どんな理想の会社を作りたいのか、それによってどんな社会を目指すのかなど、理念やビジョンをクリアに描いて、それを繰り返し社員に熱く語り続けることが何よりも重要です。そして、**社員の全員に、一緒に理想を目指すチームの一員としてがんばってほしいと、常に同志としての協力を求めます。**

ただし、理念やビジョンがあれば給与や待遇が低くてもいいというわけではありません。最低限、世間相場なみの給与や待遇は必要であり、その水準に達していないのなら、まずはそれをクリアするのが先決です。

やっては
いけない

40
社外の研修や勉強会に社員を積極的に参加させる

研修会に参加するのは基本的にはいいことだが……

中小企業が、自社内で自前の社員教育・研修制度を設けることはなかなか大変です。そのため、社員教育をある程度考えている社長は、社外での研修会に積極的に社員を参加させることがよくあります。

日々の業務の繰り返しだけでは、社員の視野はどうしても狭くなるため、社外の研修会や勉強会に参加させることは、基本的にいいことです。特に、エース級のリーダー社員や、マネジャー層には、それぞれの立場で後輩や部下を指導させるためにも、外部研修の活用は有効でしょう。したがって、テーマとなっている「社外の研修や勉強会に社員を積極的に参加させる」こと自体はいい面が大きいものです。

ただし、その場合に社長として押さえるべき2つのポイントを理解しておかないと、会社にとんでもない損失をもたらす恐れもあるので注意が必要です。

1つは、**社長の目が届かない外部研修、特に同業他社も集まるような研修の場合、社員**

がライバル社からの引き抜きにあう可能性があることです。

そしてもう１つ、**参加の意図を明確にするとともに、得られた知識や学んだことをレポートにして提出させるなどして、参加の効果を社長が確認できる仕組みを設け、社員への知識定着および活用を図らなければならないことです。**

勉強会がライバル会社からの社員引き抜きの場になることもあるので要注意

私たちの塾生で、社員数が60名ほどの中規模ハウスビルダー（工務店）があります。同社の牧野社長は、もともと大手ハウスメーカーＸ社で営業部長まで務めた人物でしたが、そこを辞めて、地元に戻って自分で会社を立ち上げたのでした。

同社のトップ営業マンは社長の牧野さん自身でしたが、ナンバー２として社長に次ぐ実績をあげているのが営業部長の佐藤さんです。

あるとき、牧野社長は２日間にわたって行われる住宅業界の勉強会に、佐藤さんを参加させました。１日目の勉強会が終わり、ホテルの大広間で懇親会が開催されましたが、そのときに佐藤さんに声をかけてきたのが、Ｘ社の営業部長である吉田さんです。吉田さんは、Ｘ社時代の牧野社長と一緒に働いていたこともあるといい、現在の佐藤さんが勤めている会社の状況もよく知っていました。

そして、「御社の躍進は、佐藤さんの力が大きいと評判になっていますよ」などとやたらに持ち上げます。さらに、それとなく佐藤さんの現在の年収を確かめると、「うちなら最低でもその1・2倍は出せるし、大きな開発プロジェクトの仕事もできます」といって、引き抜きたいようなそぶりを見せます。

そのときは、佐藤さんは聞き流していただけですが、その後も、吉田さんから連絡があり、食事に誘われて、「御社ではあなたの力を生かし切れない」「もっと活躍できる場を用意できる」などと口説かれました。ちょうどその頃顧客への営業方針を巡って牧野社長と対立していたこともあって、結局、佐藤さんはX社に転職してしまいました。そして佐藤さんは同じ地域の支店長になり、直接競うライバルになってしまったのです。佐藤さんは地元の顧客をよく知っているだけに、大きな脅威となりました。

このように、同業他社が多く集まるような社外勉強会が、社員引き抜きや転職活動の場となることは実際によくあります。私も社長時代、ライバル会社の管理職の人から「転職したいので御社で雇ってもらえませんか」と売り込みをされたことがありました。

社長は、外部の勉強会にはそのようなリスクが常にあることをしっかり理解した上で、社員を参加させる際は注意深く検討しなければなりません。もちろん、もし引き抜きの誘いがあったとしても、社員がそれを相手にしないくらい会社と社長の求心力を高めるように、常日頃から社長自身の努力も怠らないようにしなければなりません。

また、**もし参加させるのであれば、そこで何を学び、何を身につけたのかを確認して、参加が無駄になっていないかをチェックすることも必要です。**

例えば、社員を勉強会に参加させるときには「私は君には、これこれを期待している。ついては、この勉強会に参加して○○を身につけてほしい」と、社長として期待する思いを伝えるとともに、参加の目的・目標を明確に示します。

そして、社員が戻ってからは、実際にどんな学びがあったのかをまとめたレポートを書いてもらいます。その上で、その学びを今後の仕事にどう生かしてほしいのか、社長として期待する活躍の姿を熱く伝えるのです。勉強会に参加させるにしても、このような社長自身のコミットがあるのとないのとでは、社員の受け止め方は大きく変わります。

やってはいけない

41 自分はいつも社員とコミュニケーションがとれていると思っている

多くの社長はコミュニケーションを勘違いしている

塾生の酒井社長は40代前半で、せんべいなどを製造する製菓会社を経営していました。同社は酒井社長の祖父が創業した会社で、酒井社長は3代目、社員は50名ほどです。

酒井社長が経営を承継してから3年ほど経ち、会社は大きなピンチを迎えていました。社員がどんどん辞めていき、売上が大きく落ち込んでいたのです。特に若手社員が多く退職してしまったために、酒井社長は会社の将来に危惧を覚えて相談にきました。

酒井社長は、決して怠惰な経営者ではありません。先代、先々代の社長に負けないようにと、社員とも積極的にコミュニケーションをとり、全社が一丸となってさらなる成長を目指そうとしていました。特に、会社の将来を担う中堅社員には、年齢が近いこともあり、熱心に指導をしていたといいます。

しかし、私が会社に行って役員や社員にも話を聞いたところ、酒井社長の思いとは裏腹に、「社長がコミュニケーションをとってくれない」「自分たちの思いを汲んでくれない」

という強い不満を持っていました。

なぜ、こんなミスマッチが生じてしまったのでしょうか。

「自分は、いつも積極的に社員とコミュニケーションをとるようにしているよ」と自認していても、実は**一方的にいいたいことだけをいって、社員の話には真摯に耳を傾けていない社長は少なくありません。**

社長と社員の関係ですから、社長が話をすれば社員は神妙な顔で聞きます。しかし異論があったとしてもなかなかいえません。また、もし異論を唱えても、社長のほうが業務経験も長く、会社全体のことを理解していますから、異論を論破することも容易でしょう。そんな状況でも、社長は「コミュニケーションがとれている」と思い込むのですが、社員の気持ちは正反対です。

社員は、本当は社長に話を聞いてもらいたい、自分のことや仕事のことをわかってもらいたい、共感してもらいたいと思っているのに、社長がいつも一方的にいいたいことだけを伝えて、自分たちの意見には反論するばかりなので、不満を募らせます。やがて「社長は、社員とコミュニケーションをとる気がないんだ」とあきらめの気持ちになり、本音を伝えないまま会社を去っていくのです。こんなにもったいない話はないでしょう。

自分が話すよりも多くの時間、社員の話を聞いているか？

すべての社長に銘記してもらいたいのは、必ず「自分が社員に話す以上に、社員の話に耳を傾ける」ということです。最近の言葉でいえば「傾聴」を心がける。**少なくとも自分が話す時間は4割、社員が話す時間は6割を目指してください。**さらに、社員の話が未熟でも、いちいち反論したりせず、まずは社員の気持ちをありのままに受け入れましょう。一見未熟で素朴すぎると思われる社員の話の中に、自分では気づかないような、経営改善のヒントが見つかることもあります。

酒井社長の場合は、まず社員全員にアンケートを実施して、会社や社長に対する率直な不満をすべて洗い出してもらいました。私は記名式アンケートをすすめたのですが、酒井社長は「それでは社員の本音が聞けない」と、無記名式アンケートを実施しました。案の定、会社や社長がボロクソにこきおろされ、厳しい批判であふれましたが、酒井社長はそれを素直に受け止め、さらに社長が直接社員の話を聞く時間を多く設けました。

そして、社員の多くが、先代時代から続いてきた前近代的な経営体質、例えばサービス残業が横行していること、昇給等の社内規程がきちんと定められていないこと、福利厚生が貧弱であることなどに対して、不満を持っていることがわかりました。また、酒井社長が取り組もうとしていた新規事業に対しても、ただでさえ人手が足りないのに新規事業に取り組むなど、社長はいったい何を考えているのか、といった厳しい批判がありました。私は、しっかりと経営的な目線を持てる社員もいるではないかと感心したものです。

酒井社長も、そういった不備にはうすうす気づいていましたが、以前からの慣習としてそのままにしていたのです。そこで、それを機に思い切って数千万円の費用をかけて、待遇改善や福利厚生の充実に取り組みました。すると離職率が一気に改善して、社内に活気が戻り、業績も回復へと向かったのです。

まさに、傾聴の効果ですが、それを謙虚に実行した酒井社長の決断も大したものでした。

皆さんも**一方的な伝達と、コミュニケーションとの違いをしっかりと理解し、傾聴に基づくコミュニケーションを実行するようにしてください。**

やってはいけない

42 社員の自主性に任せて成功を期待する

社員に丸投げするとうまくいかない

社員に対して達成すべき数値目標だけを伝えて、あとは「任せたぞ。しっかりやれ」としかいわない社長は、少なくありません。

新規事業をはじめる際の事業責任者や、新規店舗を出店する際の店長などに対してこのようなコミュニケーションがとられることがよくあります。

社長は社員に、「新しい店舗は、我が社の東京エリアの中核店として育てていく方針だ。ついては、初年度は3億円、2年目は4億円の売上を達成してほしい」と目標数値を伝えます。

しかしその際に、**数字の具体的な根拠、月次や週次でどのようにして進捗させるのか、ライバル店舗がある中でどのようにして顧客を獲得していくのか、といった具体的な内容や方法などについて、指示を出しません。**そして「とにかく結果を出せ」といいます。

中には、単に細かく指示を与えることを面倒臭がっている社長や、その目標数値自体にさしたる根拠がないため、具体的な方法論を語りたくても語れない社長もいるでしょう。

また、社長になる人には、上司などからの命令や指示で動かされることが嫌いだったという人も少なくありません。その自分の経験から、「社員の自主性を尊重してやろう」「細かいことを指示しないほうが社員ものびのびと働きやすくて喜ぶだろう」と思って、社員の自主性に任せるというケースも意外と多いのです。もちろん、自分を基準にしながら「これくらいなら達成できるだろう」という目算があってのことです。

また、細かいことにいちいち口を出さないことで、自分が〝大物〟になったような感覚になって満足している社長もいます。

そのような丸投げをして、無事に数値目標が達成できればいいでしょう。しかし、ほとんどの場合はうまくいきません。そうなると、社員の自主性に任せて成功を期待するという考えの問題点が浮かび上がってきます。

重責を与えた社員を絶対に成功させるのが社長の仕事

「自主性に任せる」という社長に限って、社員が数値目標を達成できなかったとき、失望します。「君には期待していたのに、期待外れだったな。がっかりだよ」と、本人に直接いう社長もいますし、口に出さないにしても態度に表れていることもあります。そんなことをいわれたり、態度で示されたりした社員の心が離れていくことは自明でしょう。

そもそも新規事業に取り組むことやその場所に新規出店することは、社員が決めたわけではありません。社長が決めたことです。また、目標の数値設定にしても、果たしてその数字が現実的に可能なのかどうかという検討に社員が加わっていない場合も多いでしょう。つまり、新事業や新店舗の推進は、ほとんどが社長の意思で決定されます。そのこと自体は仕方のない面があるかもしれませんが、そのような状態で丸投げされた上、サポートもなく失敗だけを責められるのでは、社員は立つ瀬がありません。

「今の時代にこんな事業で売れるわけがない」とか、「こんな悪い立地でそんな売上をあげられるわけがない」と社員が思っていたとしても、社長がすでに決めていることに社員は逆らうわけにはいかないのですから、社長や会社への不信が高まるだけです。

また、どのようにして数値目標を達成させるのか、思ったように数値が伸びないときにどんな手を打つのか、それを考えるのは、幾多の苦難を乗り越えてきた豊富な経験とノウハウを持っている社長だからこそできる仕事のはずです。

「俺にできるのだから、他の社員にもできるはずだ」と考えるのは、社員個人の能力や特性をまったく無視した、乱暴で非現実的な考え方です。冷静に考えれば、社長であるあなたと同じくらいに仕事ができる社員なら、あなたの下で働いているはずがなく、とっくに独立して自ら社長になっているはずです。

社員の能力を正しく踏まえた上で、その社員が事業責任者として、あるいは店長として成功するように環境や仕組みを整えてやることが社長の仕事です。

例えば、半年様子を見て目標の達成が難しそうなら、トップセールスを送り込む、といった具合です。

あるいは、第3四半期が過ぎたところで3億円という数値目標の達成が不可能そうであれば、「すまない、この数字が間違っていた。目標は2億5000万円にする」という具合に、社長の意思決定のミスを認めて、現実を見極めた上で、がんばれば実現できる絶妙な数値目標を見極めることも、社員を成功させるために社長しかとることができない方法です。

「成功は社員の手柄、失敗は社長の責任」、そう肝に銘じて重責を与えた社員をなんとしても成功に導くことこそ、リーダーたる社長の仕事なのです。

やっては
いけない

43 部下を心底信頼し、部下を信じて仕事をすべて任せている

信頼して任せることの意味をはき違えてはいけない

会社を大きく成長させるためには、社長1人ができる仕事量には限界があるため、信頼して仕事を任せられる部下を10人、50人、100人と増やしていかなければなりません。

さて、「信頼して仕事を任せる」ということの意味を、皆さんはよく理解しているでしょうか。部下に仕事を任せるとは、決して「丸投げ」や「自由放任」ではありません。実際、ある程度大きくなった会社では、部下に仕事をすべて丸投げして、自分は社外で地元の経済団体や業界団体の仕事にばかり精を出して、社内の仕事は部下からときどき結果報告を受けるだけという社長もよく見られます。

その場合、2つの重大な問題が起こる可能性が高いのです。

1つは、**業績が下降したり、会社に損害をもたらす失敗が起きたりする問題です。**

本田社長という、不動産管理会社を経営している塾生がいます。会社は毎年増収増益を

続けています。あるとき、本田社長は地元の業界団体で知り合って懇意になっていた鈴木さんを、幹部社員として採用しました。

鈴木さんは本田社長と同業でずっと小さい規模の会社を経営していた元社長で、経営状況が悪化したため廃業していました。本田社長はそんな鈴木さんを、半分は救済の手を差し伸べる気持ちでエリアマネジャーとして入社させたのです。もちろん、単なる同情からではなく、同業界で経営をしていたのであれば、業務のこともわかっているだろうから、即戦力として活躍してくれるだろうという期待もありました。

そして入社した鈴木さんに、あるエリアの営業マネジャーを任せることにしました。ところが、はかばかしい成果をあげられません。

鈴木さんは、自らがプレイヤーとして積極的に営業開拓に動くことは一切しませんでした。かといって、マネジャーとして優秀で、部下を育てて成績を上げさせているかというと、そんなこともありません。温厚で人柄はいいのですが、成績の上がらない部下を指導して引き上げるようなリーダーシップがまったく欠如していたのです。

鈴木さんの報酬は、基本給を年３００万円、あとは業績に応じて成果給を上乗せする契約にしていました。しかし、１年以上経っても成果が出せず、年収３００万円のままです。

それなのに鈴木さん自身は特に不満を感じていないようで、相変わらずのんびりとしていたため、担当エリアの業績は他の地域と比べてもかなり低くなっていました。

これは、鈴木さん自身の問題というより、そういう人物にエリアマネジャーを任せている本田社長の問題です。鈴木さんがそのような人物であるとわかったのなら、その段階で社長が手取り足取り指示をして、自ら営業にも行かせるとか部下の指導の仕方を教え込んで、しっかり働かせる必要があります。それでも、改善が見られず適性がないようなら配置転換などの策を講じなければなりません。

ところが、本田社長は自らが招いた人物であり、さらに元社長という経歴に安心していたため、1年以上も放置していたのです。現在鈴木さんは、マネジャー職から現場の営業職へと職務内容を変え、汗をかきながら顧客を回っています。

強い社長は「任せて任さず」

部下に完全に任せてしまうときに起きるもう1つの問題は、部下が非常に優秀な場合に生じます。それは、**優秀な部下に仕事を任せ切って自由にさせていると、その部下が「ミニ社長」となっていき、社内で派閥が形成されていくことです。**これは大変危険な状態です。

もし、会社のコア業務にかかわる部分を、優秀な部下に任せ切りにしてしまい、しっかり実績が出ている状態だと、もしその部下がクーデターを起こして会社の実権を握ろうとしても、阻止する方法が社長にはなくなってしまいます。「文句があるなら、顧客と自分の部下を連れて独立する。そうすれば会社はすぐ倒産するぞ」などと脅されれば、社長は抵抗できません。そんなことにならないように、実力のあるナンバー2は3人育てることが大切だということは、別のテーマで触れました。

どちらの場合においても、そもそもの問題は、社長が部下に仕事を任せ切りにしてしまうことにあります。もちろん**任せることは必要なことでもありますが、それは放任とは違います。部下の仕事内容を把握して、チェックや指導をし、常に業務の実行に深く関与することが社長の仕事です。**

松下幸之助氏は「任せて任さず」という絶妙な表現で、この塩梅を説明しています。任せるところは任せる。しかし、疑うべきところは疑ってチェックしながら業務の実行に関与していく。そうすれば、社員も安心して思う存分に力を発揮できるはずです。

第6章

心得・その他編

やっては
いけない

44 契約書の内容確認を信頼する部下に任せる

契約は会社の命運を分けることもあり、社長の仕事そのものだ

コピー機のリース契約のような比較的重要性が低いものから、オフィスの賃貸借契約、業務委託契約や販売契約といった重要性が高いものまで、企業はさまざまな相手と、多種多様な契約を結びます。

結論からいうと、**取引契約などの重要性が高い契約は、必ず社長自らが契約書の隅々まで目を通して内容を確認・理解した上で署名・捺印をしなければなりません。**

中小企業が大手企業と取引関係の契約書を結ぶ際、相手はなるべく自社に有利な内容を入れようとします。特に創立からあまり年月が経っていない若い企業、顧問弁護士がいない企業などに対しては、「だます」といっては人聞きが悪いですが、大企業に一方的に有利な条文が、当たり前のように差し込まれていることがあります。

例えば、次のような内容です。

・取引損害賠償責任の一方的負担
・知的財産権、営業秘密やノウハウなどの無償での開示や譲渡の強要
・片務的な秘密保持契約や目的外使用契約
・秘密保持契約や目的外使用禁止契約がないままでの取引の強要
・取引先の制限や他社との取引の制限
・返品やキャンセルなどの制限

さらに、将来的に第三者の資本を入れて株式上場を目指す、いわゆるスタートアップ企業の場合は、株式発行や資本政策に関する契約において、最恵待遇条件など、出資先に一方的に有利になる条項が含まれることもあります。

契約が怖いのは、一度締結してしまえば、そのプロセスに不注意やミスがあったとしてもあとから覆せないことです。一度不利な契約を結んでしまうと、長期にわたって大企業の「奴隷状態」にされてしまう恐れもあります。

また取引関係以外では、不動産関係も魑魅魍魎《ちみもうりょう》がうごめく世界で、隙あらば、できるだけ自分に有利で相手に不利な契約を結ばせようとする業者や地主がうごめいており、決し

て油断できません。

取引契約は会社の命運まで左右しかねないものであり、その内容チェックは、社長がやるべき仕事そのものなのです。

ところが驚くべきことに、これほど重要な契約を「あいつは信頼できるから」と部下に任せてしまう社長がいます。中には、会社の実印を預けて契約書に捺印させるようなことまで、部下にやらせている社長もいます。これでは、部下に社長をやらせているのと変わりません。これは大きなトラブルを招きかねないので、絶対にしてはいけません。**部下を信頼することと、チェックもせずに重要事項を丸投げすることは完全に別の話です。**

百歩譲って、優秀な部下がきちんと契約内容を確認・理解した上で、その可否や疑問点を社長に進言してくれるのであればいいでしょう。しかし実際には、**社長が理解せずに部下に丸投げした契約内容は部下もろくに見ていないし、理解していないことが多いのです。**そして、結局ノーチェックになってしまいます。

契約が社長の実力をアップさせる

「自分が契約書のドラフトを読んでも内容がよくわからない」「他の業務で忙しくてたく

さんの契約書を精査している時間がない」といった言い訳をする社長もいます。

しかし、内容がわからなければ勉強する、弁護士のレクチャーを受けるなどして、少しでもわかるようになるべきです。

契約内容を理解する力がなければ、自社に有利な契約、少なくとも不利にならない契約を結ぶこともできなくなります。それでは社長失格です。

繰り返しですが、契約は社長の仕事そのものです。重要な契約締結は、社長の実力をアップさせる絶好の機会と捉え、万全の態勢で臨みましょう。

とはいえ、例えば安価なWebサービスやオフィス備品のサブスクリプション契約まで社長が全部目を通すべきかといえば、さすがにそれでは非効率でしょう。

比較的少額の契約が多いなら、例えば、月3万円までの支払いの契約は部下に任せるといった具合に、一定の金額で区切ればいいでしょう。もちろん、その金額は企業規模によって異なります。

やってはいけない

45 大手コンサル会社のアドバイスを鵜呑みにする

判断に迷ったときに頼れるメンターを見つけよ

どんなに優れた経営者であっても、間違った判断をすることはあります。私自身も、絶対うまくいくと思って取り組んだ社内制度や社員とのやりとりでいくつもの失敗を重ねてきました。では、経営判断とは完全に運任せで、やってみなければ何もわからないものなのでしょうか？　もちろんそれも違います。

世界中で、大成功した偉大な経営者がたくさんいますが、その経営の多くには共通する考え方や行動の類型（パターン）があります。過去の無数の成功事例から抽出できる「成功の確率が高い考え方や行動のパターン」が存在し、それをよく知っていればいるほど、正しい判断を下せる可能性が高くなるのです。

また、経営に限定せず、広く組織運営や人心掌握、あるいは時代の変化を見通す力などでいえば、過去の歴史上の偉大なリーダー（政治家、学者など）の思想や行動に見られる「勝ちパターン」も参考になるでしょう。そのため、**経営者は過去の偉大な経営者が著し**

た書籍や歴史上の人物などから、常に学び続けなければならないのです。

とはいえ、独学や自分だけでの判断には限界もあります。学ぶ時間も限られますし、自分の理解の仕方が正しいかどうかも、客観的に判断できません。また、勝ちやすいパターンがあっても完全に同じ状況はあり得ないので、常に応用を利かさなければなりません。

それを補ってくれるのが、メンターの存在です。

ベースとなるのはあくまで社長自身の考えだとしても、抜け落ちている論点がないか、勘違いしているところがないか、まったく別の視点からのアイディアがないかなどを、経験豊富なメンターにチェックしてもらうことは、判断の成功確率を上げる上で非常に有益です。また、多くの情報要素があり、判断に時間がかかるような場合は、メンターから情報のポイントを整理してもらったりすると、判断スピードが速まります。

経営能力や人格面で信頼できる人と個人的につながりがあるなら、三顧の礼でお願いしてメンターになってもらいましょう。

ただし、**メンターに教えをこうことは、いいなりになるということではありません。あくまで社長が主体となって、メンターを「使い倒す」という意識が必要です。**

有名コンサルティング会社でも中のコンサルタントの質はピンキリ

メンターではなく、経営コンサルティング会社にアドバイスを求める社長も少なくありません。そのこと自体は、もちろん悪いことではありません。チャンスがあるのなら受けたほうがいいでしょう。たくさんの勝ちパターンを熟知しているコンサルタントのアドバイスを受ければ、正しい判断を素早く下し、会社の成長速度が加速する可能性があります。

しかし注意しなければならないのは、有名コンサルティング会社のコンサルティングを受けたとしても、いう通りにしていればいいとは限らないということです。

大手のコンサルティング会社には多数のコンサルタントがいます。その中には、大した実績も、能力もないコンサルタントが在籍していることも、残念ながら事実です。何十人、何百人とコンサルタントがいれば、ピンからキリまで能力差があることは当たり前です。

また多くのコンサルティング会社では、**「営業ノルマ」のような目標が定められているため、薦める施策を半ば強引に押し通すコンサルタントもいます。**

私たちの塾生にも、コロナで経営が苦しかったときに、某大手コンサルティング会社に高い料金を払って、窮地を脱するためのアドバイスを求めた社長がいました。

そのコンサルタントは、当時流行っていた飲食店の出店を提案して、場所も見つけてきました。社長は提案通りに出店しましたが、当時が流行のピークで、その後は飽きられて客離れが急速に進んだのです。さらに、出店場所も慣れた人が見れば「こんなところはあり得ない」と思える場所でした。結果は明らかで、新規出店した店は、1年と持たずに撤退して、大赤字を残しただけでした。

本来コロナ禍のような事業環境が悪いときは拡大を図るのではなく、内部磨きに徹するべきです。ところが、コンサルタントはそれでは商売にならないため、何か新しい施策を打つことをすすめます。それを信じて乗ってしまったのは、社長の判断ミスです。

このような失敗を防ぐためには、**最初から完全にコンサルタントに頼り切ってしまうのではなく、半年とか1年は「お試し期間」だと考えて様子を見ながら成果が出せるかどうかを慎重に見極めるようにします。**その結果、着実に成果が出ているのであれば、継続して依頼すればいいですし、残念ながら成果が出せないコンサルタントだったら、早急に担当を変えてもらうか、契約を打ち切るべきです。

やっては
いけない

46

定例会議を欠かさず続ける

会議は形骸化してしまう

会議に対する考え方は、会社の発展段階に応じて変わっていかなければなりません。

会社の初期の段階では、社員も少数で、狭いオフィスや店舗で全員が肩を並べて働いているでしょう。社長は常に社員全員の顔を見ながら、みんな元気があるか、仕事で困りごとはないかなどの様子がわかりますし、社員のほうも常に社長の様子が見えます。

この時期は社長から伝えたいことがあればすぐに全員に伝えることができ、社内の意思統一を図り、全員で同じ目標に向けて動いていきやすい段階です。

しかし、社員が30名、50名と増えてくると、オフィスも広くなり、だんだんと社長が社員個々人の様子をくわしく把握することが難しくなってきます。

また、組織が階層化して中間管理職も設けられるようになるため、一般社員からは社長が少し遠い存在になっていきます。

そういった段階になったら、毎週の営業進捗会議や毎月の予実管理など、テーマに応じた会議を定期的に開催し、会社の状況や当面の課題、将来の進むべき方向などについて、頻繁に意思統一を図ることが必要になってきます。さらに部門が増えれば部門会議や部門間の調整会議なども必要になってくるでしょう。

しかし、そういう状態が数年続いていると、**だんだん会議を定期的に開催すること自体が目的化してきてしまいます。言い換えれば、会議を開く目的や意図がぼやけてきているのに、とにかく決められたときに会議をすること自体が目的となってしまうのです。**

これでは、意味がないどころか時間の無駄遣いでもあります。

議事録をとり、行動計画に結びつけて、会議を経営の磨き上げツールとする

社長が、会議が多すぎると感じたり、幹部や管理職社員からそのような声が出るようになったりしたら、すべての会議について、これをなんのために行うのか、その会議を行うことによって何を生み出したり何を変えたりしたいのか、その会議を行った結果実際にどんな成果があったのか、といったことを確認して、調べていくようにします。

そうすると、例えばこの会議はいらない、あるいは、この会議とこの会議はテーマが重

なるから一緒にできるといったものが、必ず見つかるはずです。そうしたら本当に意味があり、成果が出せる会議だけを残していきます。

どんな会議が必要なのかは、もちろんそのときどきの経営状況によっても変わります。ですから、**年度計画立案の際に、前年度の会議をすべて棚卸しして、その必要性や有効性を精査します。その上で、必要な会議だけに絞り込んだ年間会議計画を策定します。**あとは計画通りに粛々と会議を開催していくだけです。

また、会議は必ず一定間隔で定期的に開催しなければならない、というものでもありません。業務状況に応じて開催頻度を変えてもいいのです。

例えば、小売業で、12月が繁忙期、2月と8月が閑散期だとするなら、その2月と8月は会議の開催頻度を倍にして、その代わり12月は開催しない、といった柔軟な対応をとります。

こうして**必要な会議だけを開催するようにしたら、次に大切なのは議事録を必ずとることです。**すべての会議で議事録をしっかり残している会社は、案外少ないからです。人間の記憶は曖昧ですから、必ず議事録をとり、何が話し合われて、何を決めたのかをすべて記録しておかなければ、同じことが何度も話し合われて無駄に時間を浪費することになります。また、会議の成果があったかどうかも確認できません。

最後に、**会議で決められた内容を事業の行動計画に結びつけて行動することが、一番大切です。**

「会議をする」→「記録を残す」→「行動計画に結びつけて行動する」、そして「実際の行動から出てきた問題や課題が次の会議の議題となる」というサイクルが回るようになってはじめて、経営を磨き上げていくツールとして、会議に十分な意義が生じるのです。

このように議事録で記録をとり、それが行動に結びついているのかも記録し、それをもとに年度の終わりには再び会議の必要性を精査して、次年度の会議計画を立案する、ということを繰り返していきます。

会議のスリム化、筋肉質化が、社員の考えや行動に磨きをかけ、それが社内全体の体質にもつながっていきます。

やってはいけない

47 すぐに役に立ちそうな情報だけを収集

自分にとって価値のある情報は、自分で動いて作り上げるもの

先日、大坂塾の社員たちと一緒にあるレストランに行きました。人間の店員の代わりにロボットのアバターが接客をしてくれるというレストランです。

アバターを操作しているのは、遠隔地にいるスタッフだそうで、働く意欲を持っているけれども、障害などの理由でリアルでの店舗勤務ができない人が、アバターロボットを通じて接客しているのです。先進的でユニークな仕組みだと思いました。

私がこの店のことを知ったのは新聞記事でした。記事を読んで興味を引かれ、すぐに電話をして予約を入れました。もしかしたら、これが私たちの新しいビジネスにつながるかもしれません。**経営においては、広く世の中一般の動きや、事業環境に関連する動きについて、常に情報を集めておくことが重要です。**

私は中高生の頃から、自分の記憶力の悪さを自覚しており、そのためなんでもメモをし

ておくメモ魔になりました。それに加えて、仕事に関する資料もあらゆるものを残しています。資料を残しておかなければ忘れてしまうからです。そして、その資料の中には、新聞、業界紙、雑誌などのスクラップも含まれています。もちろん、それらは単に収集するだけではなく、定期的に整理・分類や分析をして、記事に載っているこの会社のビジネスモデルが3～5年後にどうなるかをシミュレーションしていました。

「経営には情報が大切だ」といえば、多くの社長は「当然だ」とうなずくでしょう。しかし実際に、例えば新聞や雑誌記事のスクラップ（今ならアプリなどを利用したやり方でも）を何年も継続している社長が、果たしてどれだけいるでしょうか？　かなり少数派なのではないかと思われます。

「マスコミで報じられる公開情報には大して価値はない。価値があるのは、特別なコネクションから得られる非公開情報だ」と考えて、公開情報には注意を払わない社長もいます。

しかし、各国の諜報機関が他国の動静分析などのために集めている情報の90％は、新聞などで報じられている公開情報だといわれています。公開情報の収集と分析だけでも、長期間、そして広範囲で行えば、相当のことがわかるということです。

情報をかけ合わせて自分だけの情報を作れ

情報をうまく使う際には、大切なことがあります。それは、**情報と情報をかけ合わせて自分だけの情報を作り上げることです。** そのためには行動も必要になります。

例えば、冒頭で述べたように新聞で面白そうな店があるという情報を得ます。そのときは、すぐに行動してそこに出向きます。すると、そこでサービスを受けたり、店の人の話を聞いたりすることで、新たな情報を得られます。そうすることで、関連する情報が複層化していき「自分だけの情報」になっていくのです。

また、**より質が高い自分だけの情報をたくさん得るためには、いわばその土壌となる公開情報の膨大な蓄積が必要です。** 自社との関係が薄いように思える情報でも、数年後に役立つことがあるかもしれません。今すぐ役立ちそうな情報だけを集めようとするのではなく、少しでも関係しそうなことは片っ端から集め、記録に残していくことが大切です。

一方、非公開情報には価値の高いものもあるでしょう。しかし、一般的に価値が高いとされる非公開情報が、必ずしも自分にとって価値が高い情報であるとは限りません。

まず、もし誰かがもたらしてくれた非公開情報が自分にとって価値の高い「いい情報」

「すごい情報」のように思えても、本当にそうなのかは、慎重に検討しなければなりません。なぜ、その人は自分に価値が高い非公開情報を教えてくれるのか、それは本当に非公開で知られていないものなのか、その内容は本当に正しいのかといったことを慎重に慎重を重ねて検討する必要があります。

さらに大切なのは、社長である自分にとって価値が高い情報とは、自分の夢や志、会社が目指す理念の実現を推進してくれる情報だということです。そして、社長が目指す夢や志は、人によってさまざまです。ですから、どんなに世間の人が驚くような情報であっても、それが夢の実現に向かうために役立つものでないのなら、自分にとってはあまり価値がないのです。

信頼できる非公開情報と、これまで蓄積してきた公開情報をかけ合わせることにより、自身の夢の実現を促進するような情報を作ることができます。そのときはじめて情報は、最高に強力な武器となります。

やっては
いけない

48 大企業に負けない立派な規程集を作る

他人にお金を払って作ってもらった規程集は活用できない

社内のさまざまなルールをまとめた文書が「社内規程」です。

社内規程には、「企業理念」「行動指針」「組織規程」「職務権限規程」「就業規則」「給与規程」「休業規程」など、多くの種類があります。大企業であれば、数十から100以上の規程が整備されているでしょう。何千人、何万人の社員が働く組織であれば、会社の隅々までルールが定められていなければ組織が混乱をきたすからです。

しかし、**中小企業でありながら、外部のコンサルタントに多額の報酬を払って、大企業のものと見間違えるような立派な規程集を作成してしまう社長が意外と多くいます。**これは、まったくの無駄であるどころか、有害ですらあります。

塾生である加藤社長もそんな1人でした。加藤さんの経営するのは社員70名ほどの企業です。

加藤さんのところへ訪問した際に私は、「社内規程集」と金文字で箔押しされた、豪華な装丁の規程集が目にとまりました。中を開くと、立派な規程が数多く並んでいます。聞けば、コンサルタントに依頼して制作して、1年前に完成したものだそうです。

完成までは、コンサルタントが毎月1回来社してきて、幹部や部長などの管理職に話を聞いていたそうです。2年間そんな訪問が続いて完成した規程集の制作費用は、なんと400万円。

コンサルタントからしたらいい商売だったでしょう。社内規程にはどの会社でも変わらない共通部分も多いため、既存のひな形をその会社に合わせて少し変えるだけで作れるのですから。

しかし、社長にとっては、そうやってお金と時間をかけて作っていく過程自体が、「うちもちゃんとした会社になったな」という満足感をもたらしてくれるのです。立派な規程集が完成すればさらに大満足します。しかし、それが会社に役立つのでしょうか?

私は、社長に「あなたはこれを読んだの?」と聞いたところ、「たまに、ちらっとだけ」といいます。「じゃあ、社員は?」と聞くと「読んでいない」と。これでは、かけたお金も時間も、完全に無駄になっています。

コンサルタントに丸投げして社内規程を作っても、現場の実態がほとんど反映されません。また、もっとも大切な社長の思いも込められていません。現場の実態から乖離して、社長の思いも込められていない規程集では、誰も読まない「死んだ規程」になってしまうのも当然です。

規程は社長が自分で作り、ブラッシュアップしていく

中小企業では、社内規程は必ず社長が自分の頭で考えながら、自ら策定すべきです。といっても、ゼロから考える必要はありません。各規程のひな形は、書籍としても売られていますし、ネット検索すればいくらでも出てきます。

社長が規程を作る場合のポイントは3つ。

1つ目は、**最初から立派で完璧なものを作ろうとしないこと。**例えば、A4用紙に3～5枚程度のものでもいいので、まずは簡単なものを完成させることが大切です。

2つ目は、**自分だけで作るのではなく、幹部や社員に相談をしながら作ること。**社長が自分だけで規程を作れば、どうしても社長の思いが先行します。また、良く見られたいという虚栄心や見栄が入ってしまうこともあります。すると、現場の実態と乖離した独りよ

がりな規程になってしまうのです。

例えば、現在週休２日制が導入されていないとします。それなのに、いきなり週休２日制の規程を入れても社員は内心、「そんなことできるわけない」と冷ややかに感じて、規程を軽視するようになります。そこで、幹部や社員と相談して、いきなり完全週休２日は無理だけど、月に１回は導入しようとか、半休を導入しようなど、現場目線で実現可能な規程に練り上げていくのです。

そして３つ目のポイントは、**規程を折りに触れて見直して、ブラッシュアップしていくこと。**

例えば、最初は月１回だけ週休２日でも、社長がどうしても完全週休２日制を実現したいなら、少しずつ現場業務を改革して環境を整えます。そうして、現実と規程に齟齬《そご》が生じるようになったら、現実に合わせて規程を変えていけばいいのです。

社長と幹部社員が膝を詰めながら、ああしよう、こうしようと理想の会社の姿を夢見て語り合いながら規程を一緒に作り上げていく。そうすることで、幹部社員も「私が社長と一緒に会社を作り上げている」という実感を持つことができ、最高の幹部教育にもなるのです。

やってはいけない

49 社長も社員も穏やかで社内の空気も平和

チャレンジする気概のない会社が変化の中で生き残れるだろうか？

中小企業の社長といってもさまざまな性格・タイプの人がいます。自ら脱サラなどして創業をした社長の場合は、やはりアグレッシブに会社の成長を目指すタイプが多いようです。人格的には「俺が、俺が」と、なんでも主張したがる我の強いタイプも多く、「社員はだまって従っていろ」というワンマン経営になりがちです。

一方、親から会社を継いだ2代目、3代目などの社長には、比較的のんびり、おっとりした性格の社長も少なくありません。

会社経営や新規事業というのは波に乗せるまでが一番大変です。2代目や3代目ということは、そのもっとも大変な時期は、先代や先々代が済ませているので、厳しい荒波にもまれた経験が、あまりありません。

また、現状でとりあえず安定的に売上が立っており、利益も生み、社長の給料もそれなりにある状況であれば、あえて新分野、新規事業などにチャレンジしようという挑戦心もわかないことが多いでしょう。

そのため、良くいえば温厚でガツガツしていない、悪くいえば、石にかじりついてでも会社を伸ばしていこうという気力や厳しさのない、ぬるま湯的な経営になりがちです。

そういう社長はよく、「社員の幸せを最優先に考えている」「ワーク・ライフバランスが大切」といったことをいいます。もちろん、そのこと自体は間違った考えではありません。ただし、それはあくまで会社がしっかりした売上、利益を計上して経営を継続できてこそ。

もし業績不振が続けば、社員の待遇を引き上げることはできないし、赤字決算が続けばボーナスのカットにはじまり、給与カット、ひいてはリストラに踏み切らざるを得なくなります。倒産や廃業といった最悪の事態となれば全社員を路頭に迷わせることになります。

いうまでもないことですが、**社員の幸せやワーク・ライフバランスを実現するためには、会社が安定して売上や利益をあげ続けていることが前提となるのです。**

しかるに、仮に現在の業績は良い会社だとしても、現状に安穏と満足して、新しい事業へのチャレンジや時代に応じた組織改革を模索しないような穏やかなだけの社長では、将来の業績維持や会社の存続は心もとないといわざるを得ません。

時代の変化に貪欲に挑め

いつの時代も、企業が変わらないでいようとすることは、安全で安定した道に見えて、実はもっともリスキーな道です。高い市場シェアを誇り、安定した業績をあげていた大企業が、その状態に甘んじてしまい、変化できずに衰退した事例はいくらでもあります。

俗に「ゆでガエル」といいますが、浸かっている湯の温度が少しずつ高くなっても、ゆっくりした変化だとなかなか気づかないものです。そして、気がついたときにはのぼせ上がって、湯の中で死んでしまいます。つまり、**「事業環境に大きな変化が起きた」と誰の目にも明らかになってから手を打つのでは、遅すぎるということです。**

コロナ禍のような、予想もできなかった社会変容が起きることもありますが、それは例外で、大抵の変化は、普段の顧客や取引先とのつき合いの中で、あるいは新聞報道やテレビニュースの中で、予兆が感じられるものです。

そこで、**社長は常に四方八方にアンテナを張り、情報を集められるだけ集め、時代変化の予兆を敏感に感じ取って機敏に対応をし、ときには大胆に会社を変化させていかなければなりません。**

大企業でさえ、時代の変化に対応できなければ衰退します。まして、中小企業が上品な貴族のように、のんびりと構えているのでは、到底生き残れません。常に知恵を絞り、状況に素早く対応しながら、どんなことでもして生き残る野武士集団でなければならないのです。

私が社長時代、マツヤデンキのフランチャイジーとして全国1位の売上でありながら、そのチェーンを抜けて、提携先をカトーデンキに切り替えたとき、「バカか」「無謀だ」と、社外からだけではなく、社内からもいわれたものです。しかし家電量販店に大型店時代が必ず到来するという時代変化の予兆に確信を持っていた私は、絶対にその行動が正しいと信じていました。そして、社員にも、今までのやり方を捨てて、今後到来する大型店時代への対応をするよう求めました。その後、マツヤデンキは倒産。我が社は紆余曲折がありながらも、私の社長退任時には売上高約340億円にまで達しました。

時代の変化に敏感になり、常に、「脱皮・変身・成長」を心がけて自らを磨き続ける会社だけが生き残り、社員を物心両面で豊かにしていくのです。

やってはいけない

50 社長のリーダーシップが強い

勘違いしたリーダーシップとならないように注意

将来の夢を熱く語って社員とも夢を共有し、人の何倍も行動して会社を導いていく……。そんな風にしてリーダーシップを発揮する中小企業社長も多く存在します。

中小企業は大企業と違って、優れた人材ばかりが集まっているわけではないので、やはり社長の能力やリーダーシップが会社の行方を左右する最大の要素になります。その意味で、社長が強いリーダーシップを発揮すること自体は必要であり、まったく悪いことではありません。しかし、リーダーシップの中身を勘違いしていると、会社の発展を阻害する要因になってしまうことがあるのです。

塾生に、美容や健康関連グッズの訪問販売や通信販売を行っている会社の社長、福沢さんがいました。福沢さんは30歳のときに独立・起業し、20年かけて同社を年商50億円規模にまで育て上げた有能な経営者です。私たちの塾生の中でも、トップレベルの経営意欲と行動力があり、大坂塾でも貪欲に経営知識を吸収し実践していきました。そのパワーが、50億円企業を築く結果を生んだのでしょう。

あるとき、大手証券会社の営業マンがやってきて株式上場を持ちかけ、福沢社長は5年以内には株式上場を実現したいと夢を語るようになりました。

ところが、皮肉なことにその頃から同社の業績は頭打ちとなり、さらには前年割れの低迷状態に陥ってしまいます。福沢社長によると、その原因は若手社員から、主任や課長クラスの中間管理職まで、退職者が年々増加していることだといいます。世間の採用難もあって、退職者の補充もままなりません。人が減った分の仕事を残った社員が分担しなければならず、それが負担となってさらに退職者を生むという悪循環に陥っていました。

福沢社長は、給与を世間相場以上の水準に設定し、福利厚生も充実させているのに、なぜ退職者が増えるのかわからないといいます。しかし、私たちがしばらく同社に通って調べたところ、原因は福沢社長自身にあることがわかりました。

50億円企業を築いた福沢社長の自信と、上場を目指すという意欲があまりにも強く、社員に対して威圧的な言動でリーダーシップを発揮しようとすることが増えて、社員がついていけなくなっていったのです。

管理職を集めた会議などでも、成績の悪い課長クラスの人材を、皆の前で厳しく詰めたりもするようになっていました。すると課長クラスの人材が、同じことを部下の若手にします。それに嫌気がさした若手が退職し、業務がますます大変になった課長などの管理職も退職する、という負の連鎖が続いていたのです。

このようにして、退職者が加速度的に増えたため、業績が悪化していきました。

真のリーダーシップとは、個性の異なる社員の思いを1つにまとめること

社長には、社員を導くリーダーシップが絶対に必要です。夢や理想を熱く語って、社員の気持ちを巻き込むことはとても大切です。しかしそれは、社員を威圧したり、何かを強要して働かせたりすることとはまったく異なります。熱い思いや夢と、仕事の仕組みによって社員の気持ちを1つにまとめ上げて、同じ方向に進ませることこそが、真のリーダーシップだといえるでしょう。

ところが、あまりにも大きな成功や早期の成功を成し遂げた社長は、自分の能力や実績に過度の自信を持ちます。すると、自分だけが正しい、自分のいうことは絶対だ、という誤った考えに陥ります。

また、他の人が自分と同じように仕事ができることが当たり前という勘違いもしがちです。「なんでこんな簡単なことが君たちはできないんだ」と思うのですが、社員はそれぞれ能力や個性が異なるのですから、社長が（あるいは他の社員が）できたことを、社員が同じようにできなかったとしても、それは当たり前のことです。

同じようにできないということを前提にした上で、成果のあがる仕組みを考えることが、社長の仕事のはず。それなのに、社員の能力や個性を無視した威圧や強要で仕事をやらせようとすれば、社員は去っていくだけです。

社長自身としては、強いリーダーシップを発揮しているだけだと思っているのですが、それは真のリーダーシップではなく、会社の発展を阻害する要因にしかなりません。

「衆知を集めて独裁」という言葉があります。独裁というのは、リーダーシップの言い換えでしょう。**経営トップは最終的には周りがなんといおうと、自分がこうすると決断をする必要があります。しかし、その前に衆知（多くの人の意見）を集めることが絶対に必要なのです。**

あとがき　危険な経営と弱者の戦略

本書を最後までお読みいただき、ありがとうございました。

「いつも一生懸命経営のことを考え、心血を注いで働いているのに、どうしてなかなか成果があがらないのだろう」

そんな悩みを抱えている中小企業経営者は少なくありません。というより、多くの社長がそう感じているというのが実情です。皆様はいかがでしょうか？

顧客と話していても社内を見渡しても、納得のいかないことばかりで、どうすればいいのかわからず途方に暮れてしまい、眠れない夜もあるでしょう。私自身、40年以上にわたる経営者人生の中で、何度もそんな眠れぬ夜を過ごしました。

そんなときに藁にもすがる思いで、経営のノウハウをまとめた書籍やネット情報に頼ることもあるはずです。たしかにそこには、整然とした理屈で納得できる内容が記され、一時的に勇気づけられることがあるかもしれません。しかし、いざそれを自分の会社で実行に移そうとするとなかなか理屈通りにいかず、むしろ社内で反発を受けた、そんな経験をお持ちの方も、決して少なくないでしょう。

実は、ビジネスや経営の世界において、書籍やネットで半ば常識的に良いこととして語られている言葉やノウハウなどは、その裏側、奥の奥にこそ、成否を分ける重要な要素が隠されているのです。ところが、多くの社長はそれらのうわべだけを見て飛びついてしまい、失敗します。そんな社長を数多く見てきたことが、本書のテーマである「危険な経営」を思いついた発端でした。

世間一般では「常識」「良いこと」とされている経営についての言葉やノウハウを、常に斜めから見て、その裏に潜むリスクを徹底的に洗い出し、それを避けて通ることが、経営者にとってもっとも重要だと確信したのです。そこで、一般的には「常識」「良いこと」だと思われている50の経営テーマを集めて、その奥の奥にある重要な要素を抽出して、成功への道しるべとして用いていただけるよう、解説しました。表面的な情報に飛びつくのではなく、一歩、二歩と掘り下げて考えることで、3年後、5年後、10年後の幸せをじっくりと堪能できるような道筋を見つけていただきたい。それが、私が本書を通じてもっともお伝えしたいメッセージです。

その企図が成功しているかどうかは読者の皆様の判断に委ねるところですが、私がこのような視点を持ち得たのは、青年時代以降、常に自分が「弱者」であると感じていたことが大いに関係していることについて、最後に触れておきます。

私は結果的に、年商340億円規模の企業を育て、現在は1000名を超える塾生が学んだ経営塾を主催していますが、これまでの人生を振り返ると、決して順風満帆に歩んできたわけではありません。

高校生時代は、志望する上智大学に入るのに英語力が足りませんでした。そこで、受験者の少ないドイツ語で受験するという、いわば「弱者の戦略」を試み、実力以上の大学に合格できました。英語がダメならドイツ語がある、という発想は、1つの方法がダメなら別の方法を探せばいい、という柔軟な思考力を私に与えてくれたのです。

また入学後、どうしても行きたかったドイツ留学のための試験に落ちた私は、あきらめ切れずにヒッチハイクで24カ国を旅しました。一見すると失敗のように思えるこれらの経験が、その後の私の人生観や経営観に大きな影響を与えています。人生後半になって、ヒッチハイクで訪れたドイツとの縁が、ドイツワインの輸入や、ドイツ語・日本語スピーチコンテストの開催につながり、今では、かつての私のように未来を見つめる若者たちに向けて講演活動をするまでになりました。

学生の頃、私はたしかに「弱者」でした。そしてそれは、町の電器店の経営者になってからも同様です。我が国において中小企業が置かれている立場に鑑みれば、多くの読者の皆様に共感を持って頷いていただけるでしょう。

しかし、私は「弱者」であることが悪いことだとは思っていません。「弱者」であるからこそ、常に情報を集め、思考を巡らせ、斜めや裏から物事を見て、戦略と戦術を駆使して強者に負けないような手を打つことができたのです。

本書を通じて、そのエッセンスを少しでも感じ取っていただけたとすれば、著者としてこれ以上の喜びはありません。

平凡な能力しかない私がここまでくることができたのは、本当に幸運でした。今の私があるのは、私たちの会社に加わってくれた仲間や社員、そして家族の理解や協力があったからこそだと、心から感謝しています。

本書が、読者の皆様にとって、少しでも「危険な経営」を回避し、より良い未来を切り開くための一助となれば幸いです。共に、幸せな経営者人生を歩んでいきましょう。

大坂　靖彦

【著者紹介】

大坂　靖彦（おおさか・やすひこ）

◉——非営利株式会社ビッグ・エス インターナショナル代表取締役／大坂塾塾長　(株)ケーズホールディングス元常務取締役　(株)ビッグ・エス元代表取締役　香川大学客員教授　上智大学元非常勤講師　松下幸之助経営塾元講師　ドイツ連邦共和国功労勲章功労十字小綬章

◉——香川県大手前高校卒業後、上智大学在学中24カ国をヒッチハイクで無銭旅行。海外で活躍するビジネスマンを目指し、現パナソニックに入社（ドイツ駐在）するも挫折。従業員３人、年商7000万円の家業の家電小売店に入社。ナショナルショップ店から、政府認定VC四日電、マツヤデンキ、カトーデンキ販売（現ケーズホールディングス）と、弱者の戦略で時代の先を読みパートナーを変えながらステージを変え、従業員800名、年商339億円の企業に成長させた。

◉——2010年全ての役職をリタイヤ後、自身の全ノウハウを次世代の中小企業経営者に伝授すべく大坂塾を始めた。現在までに約1000人が学ぶ。自らが実践し成果を出してきたメソッドを伝授し、経営者の成長を阻む棘を一つ一つ抜く指導により、多くの経営者が結果を出している。

◉——若者への人生戦略を伝える『若者未来塾』、小中学生向け『ドリームシッププログラム』も開催。経営者向け講演会は15年間で動員数10,000人、コンサル実績1,000回を超える。

中小《ちゅうしょう》企業《きぎょう》のやってはいけない危険《きけん》な経営《けいえい》

2025年４月７日　　第１刷発行
2025年５月14日　　第２刷発行

著　者——大坂　靖彦
発行者——齊藤　龍男
発行所——株式会社かんき出版
東京都千代田区麴町4-1-4 西脇ビル　〒102-0083
電話　営業部：03(3262)8011㈹　編集部：03(3262)8012㈹
FAX　03(3234)4421　　振替　00100-2-62304
https://kanki-pub.co.jp/

印刷所——ベクトル印刷株式会社

 ISBN978-4-7612-7800-7 C0034